KB195660

ELON MUSK'S
A FUTURE ANSWER SHEET

일론 머스크의
미래 답안지

일론 머스크의 미래 답안지

초판 1쇄 발행 2025년 01월 02일

글쓴이 이채윤

펴낸이 김왕기
편집부 원선화, 김한솔
디자인 푸른영토 디자인실

펴낸곳 **(주)푸른영토**
주소 경기도 고양시 일산동구 장항동 865 코오롱레이크폴리스1차 A동 908호
전화 (대표)031-925-2327, 070-7477-0386~9 팩스 | 031-925-2328
등록번호 제2005-24호(2005년 4월 15일)
홈페이지 www.blueterritory.com
전자우편 book@blueterritory.com

ISBN 979-11-92167-25-1 03810

PayPal

THE BORING COMPANY

NEURALINK

ELON MUSK'S
A FUTURE
ANSWER SHEET

일론 머스크의 미래 답안지

| 이채윤 글 |

푸른영토

서문

미래를 설계한 남자, 일론 머스크의 답안지

"미래는 저절로 오지 않는다. 미래는 만들어지는 것이다."

일론 머스크는 이 한마디로 요약할 수 있는 인물이다. 1971년 남아프리카공화국 프리토리아에서 태어난 한 소년이 오늘날 21세기 산업의 판도를 뒤흔드는 미래 설계자로 성장했다. 그는 단순히 기업가가 아니다. 머스크는 현재와 미래를 연결하는 다리이자, 인류의 운명을 재설계하는 장인이며, 스스로를 "미래의 답안지"라고 증명해 보인 인물이다.

2024년 겨울, 세상은 또 한 번 변혁의 중심에서 일론 머스크라는 이름을 목격했다. 기업가나 혁신가로 기억되던 머스크는 이제 정치적, 기술적 권력의 중심에서 인류 미래의 설계자로 자리 잡았다.

머스크는 한 손에는 기술 혁신의 도구를, 다른 한 손에는 정치적 영향력을 들고 세계의 판도를 뒤흔들고 있다. 그는 도널드 트럼프와 손을 잡고 미국 대선에서 역사의 흐름을 다시 썼으며, 이는 단순한 정치적 이벤트를 넘어선 권력 구조의 재편이었다. 이제, 테슬라의 로봇이 트럼프 스티커를 붙이고, 스페이스X의 로켓은 미국 국기의 빛나는 상징이 되었다.

기술과 정치의 융합 : 머스크와 트럼프의 역사적 동맹

2024년 미국 대선은 단순한 정치적 이벤트 이상의 의미를 지닌다. 도널드 트럼프가 다시 대통령으로 복귀한 이 순간은 일론 머스크의 정치적 입지가 급부상하는 계기였다. 세계 최대 부자와 세계 최강국의 대통령이 손을 잡았다는 점에서 이는 단순히 경제와 정치의 결합을 넘어 권력의 재구성을 알리는 신호탄이었다.

머스크는 트럼프의 선거 캠페인에 테슬라의 자율주행 기술과 인공지능AI을 전격 투입했다. 심지어 테슬라 공장의 로봇이 트럼프의 홍보물을 생산했다는 소문이 돌 정도였다. 트럼프는 대선 유세에서 이렇게 외쳤다.

"미국을 다시 위대하게 만든 건 내가 아니라, 머스크의 AI다!"

트럼프가 백악관에 복귀한 후 머스크는 신설된 '정부효율부Department of Government Efficiency, DOGE'의 초대 장관으로 임명되었다. 이 부서의 이름조차 트럼프와 머스크 특유의 유머 감각을 반영한 것이다. 머스크는 이 부서에서 정부 데이터베이스를 클라우드로 전환하고, 행정 절차를 디지털화하며 "정부를 테슬라처럼 운영하겠다"는 야심을 선언했다.

누군가는 이를 현대판 카이사르와 크라수스의 동맹이라 부르고, 또 다른 누군가는 21세기 권력과 기술의 새로운 실험이라 평했다.

이들의 협력은 단순히 미국 정치의 구도를 흔들었을 뿐만 아니라, 세계 질서에도 지대한 영향을 미쳤다. AI와 데이터 기반의 의사결정은 머스크가 설계한 새로운 정부 모델의 핵심이었다. 이는 단순한 혁신을 넘어, 과거에는 상상조차 할 수 없었던 '정치와 기술의 융합'을 실현한 사례로 평가된다.

혁신의 철학 : 0에서 1로 나아가는 사고법

머스크가 보여준 혁신의 철학은 단순히 기술 개발에 머물지 않는다. 그는 모든 문제를 근본적으로 해결하려는 '제1원리 사고법'을 통해 기존의 패러다임을 전복시켰다.

우주 탐사? 기존 항공우주국NASA보다 비용을 10분의 1로 줄였다. 전기자동차? 내연기관 자동차 시장을 혁신하며 대체 불가능한 트렌드를 만들었다. 태양광 발전? 솔라시티를 통해 친환경 에너지의 상용화를 이끌었다.

머스크의 철학은 단순하다. "왜?"라는 질문을 끝까지 밀어

붙이는 것이다. 사람들이 흔히 간과하는 당연한 가정을 뒤집고, 원자 단위에서부터 문제를 다시 조립한다. 예를 들어 스페이스X의 로켓 개발 당시, 기존 우주 산업의 높은 비용 구조에 대해 머스크는 이렇게 질문했다.

"로켓을 만드는 데 필요한 재료를 다 합하면 왜 이리 비싸지? 그냥 우리가 직접 재료를 사서 만들어보자."

결과는? 우주 탐사의 비용을 획기적으로 줄였고, 재사용 가능한 로켓 기술을 통해 항공우주산업의 판도를 바꾸었다.

화성으로 가는 여정 : 인류의 두 번째 보금자리

머스크의 궁극적인 목표는 단순히 기술을 혁신하는 데 그치지 않는다. 그의 비전은 인류의 생존 가능성을 지구를 넘어 화성으로 확장하는 것이다. 스페이스X는 이를 위한 발판이다. 그는 이렇게 말했다.

"화성은 단순히 대체 행성이 아니다. 인류 문명을 지속시키기 위한 보험이다."

실제로 스페이스X는 우주여행을 상업화하고 화성 식민지화 프로젝트를 구체화하며 그 가능성을 현실로 만들고 있다. 스타십Starship은 이 계획의 핵심이다. 이 거대한 우주선은 화물과 승객을 한 번에 실어 나를 수 있도록 설계되었으며, 머스크는 이를 통해 2050년까지 100만 명의 인간을 화성에 이주시키겠다는 계획을 발표했다.

미래의 답안지 : 다양한 프로젝트, 하나의 비전

머스크가 추진하는 프로젝트들은 각기 다른 분야에서 작동하는 것처럼 보이지만, 사실은 모두 하나의 공통된 목표를 향하고 있다.

테슬라 : 지속 가능한 에너지 전환

스페이스X : 지구 밖 생존 가능성 확보

뉴럴링크 : 인간의 인지 능력 확장

스타링크 : 글로벌 인터넷 네트워크 구축

이 모든 프로젝트들은 결국 '미래의 인간'을 설계하는 데 필요한 요소들이다. 머스크는 이질적인 산업을 하나의 큰 그림으로 엮어내는 데 천재적인 능력을 발휘한다. 그의 작업은 단순히 산업 혁신을 넘어, 인간 문명 자체를 재정의하려는 시도다.

21세기를 넘어 : 머스크가 남긴 질문

종종 사람들은 머스크를 아이언맨의 토니 스타크에 비유한다. 억만장자이자 천재 발명가로, 그는 스타크의 모습과 흡사하다. 그러나 더 깊이 들어가 보면 그는 스티브 잡스와 토마스 에디슨 그리고 니콜라 테슬라의 유산을 한데 모은 인물이다.

그가 세상에 던진 질문은 단순하지만 근본적이다.

"우리는 어디로 가야 하는가?"

그는 우리에게 더 나은 미래를 위해 무엇을 해야 하는지 묻는다. 그의 여정은 단순히 그의 이야기가 아니라, 우리가 어떻게 미래를 설계하고 문제를 해결할 수 있는지에 대한 지침서다.

일론 머스크라는 이름을 들으면 사람들은 대개 테슬라 전기차, 스페이스X의 로켓, 뉴럴링크의 신경 기술을 떠올린다. 그러나 머스크는 단순히 기술을 혁신하는 데 그치지 않는다. 그는 인류의 미래를 직접 설계하고 있다. "우리는 어디로 가야 하는가?"라는 질문에 그는 말 대신 행동으로 답한다. 그리고 그 행동들은 곧 그의 미래 답안지가 된다.

이 책 『일론 머스크의 미래 답안지』는 그가 남긴 비전과 그 비전이 인류에게 제시하는 가능성을 탐구하는 초대장이다. 이 책은 그의 여정을 통해 우리가 스스로에게 던져야 할 질문들을 모아둔 것이다.

"당신의 미래 답안지는 무엇인가?"

머스크는 이미 자신의 답을 제시했다. 이제 그 답안지를 펼쳐, 당신만의 미래를 설계할 차례다.

2024년 12월

Chepter 1

초기 생활과 교육

0세 때 컴퓨터 프로그래밍을 독학으로 배웠다.

직접 로켓을 만들어 지역 장난감 가게에 팔기도 했다.

12세 때 Blastar라는 비디오 게임을 만들어 잡지에 500달러에 판매하기도 했다.

캐나다 퀸즈 대학교에서 물리학 및 경제학을 공부했다.

펜실베이니아 대학교로 편입하여 물리학 및 경제학 공부를 계속했다.

그는 스탠퍼드 대학교를 이틀 만에 중퇴하고 첫 번째 회사인 Zip2를 설립했다.

일론 머스크의 비즈니스 성공 비결 6가지

1 돈이 중요한 것이 아니다

2 열정을 추구하라

3 위험을 감수하라

4 미래에 집중한다

5 끈기를 가져라

6 훌륭한 사람들로 자신을 둘러싸라.

남아프리카에서의 어린 시절

일론 리브 머스크Elon Reeve Musk는 1971년 6월 28일, 남아프리카 공화국 프리토리아에서 태어났다. 아버지는 엔지니어이자 기업가인 에롤 머스크Errol Musk였고, 어머니는 캐나다 출신의 모델 겸 영양사 메이 머스크Maye Musk였다. 머스크에게는 남동생 킴벌Kimbal Musk과 여동생 토스카Tosca Musk가 있다.

머스크의 아버지는 남아공에서 태어났지만 영국 국적을 가진 사람이었고, 과학자인 측면도 있었다. 에롤 머스크는 천재 수준의 IQ를 가진 사람이었는데 이론 물리학을 비롯한 다양한 학문에 관심을 가지고 있었다. 그는 전자 기계 엔지니어였으며 조종사, 선원, 컨설턴트 등 다양한 분야에 손을 댔고, 부동산 개발업자로도 성공해서 탕가니카 호수 근처에 에메랄드 광산을 소유할 정도로 부유했다. 일론이 어렸을 때 아버지는 아들에게 복잡한 문제를 풀도록 교육시키곤 했다. 이런 경험은 일론이 창의적 사고를 기르는 데 도움이 되었다. 호기심이 아주 많은 소년이었던 일론은 모르는 것이 있으면 궁금증이 풀릴 때까지 마음껏 아버지에게 질문을 할 수 있었다.

그는 아주 어린 나이에 컴퓨터와 기업가 정신에 깊은 관심과 적성을 보인 천재 아이였다. 열렬한 독서광이었으며 종종 책에 몰두하며 지식에 대한 깊은 갈증과 비전 있는 전망을 키웠다. 동생 킴벌에 따르면 하루에 보통 10시간씩 책을 읽을 정도였으며, 그가 사라져 보이지 않으면 도서관이나 집 근처 서점에 가면 책을 읽고 있는 일론을 쉽게 발견할 수 있었다고 한다. 그는 만화부터 과학 종교 등 여러 분야의 책을 두루 섭렵했으며, 그중에서도 판타지나 공상과학 소설을 무척 좋아했다. 덕분에 그는 자연스럽게 우주에 대한 꿈을 키우게 된다.

이 시기 일론이 관심을 갖게 된 것은 컴퓨터였다. 그는 아버지에게 '코모도어 VIC-20'이라는 컴퓨터를 사달라고 조르기 시작했다. 이 컴퓨터는 1981년 코모도어 인터내셔널에서 출시한 8비트 가정용 컴퓨터다. 1980년대만 해도 컴퓨터가 아주 귀하던 시절이었지만 아버지는 초등학생인 아들의 설득에 넘어가 비싼 컴퓨터를 사주게 된다. 이후 그는 독학으로 프로그래밍을 배우기 시작했는데, 이것이 일론 머스크의 커리어와 세상을 변화시키는 혁신의 밑거름이 되었다.

하지만 머스크의 어린 시절이 항상 순탄했던 것은 아니다. 1980년 부모는 이혼했다. 이혼 후 그의 어머니는 생계를 유지하기 위해 고군분투했다. 그녀는 가족을 부양하기 위해 직업을 가져야 했고, 종종 정부 지원에 의존해야 했다. 머스크는 어머니가 "내 인생에서 가장 중요한 사람이었으며 노력과 인내의 가치를 가르쳐 주었다"고 말했다.

처음에 머스크는 두 동생과 함께 어머니와 생활했으나 어머니의 짐을 조금이라도 덜어주기 위해 아버지에게로 왔다. 혼자 지내는 아버지가 측은하게 생각되기도 했지만, 아버지를 선택한 실재 이유는 브리태니커 백과사전을 비롯한 자신이 읽고 싶은 책이 아버지의 서재에 가득 있었기 때문이었다. 하지만 곧 그는 그 결정을 후회했다. 머스크의 아버지인 에롤은 부유했지만 성격이 과격하고 아들과의 관계에 문제가 많았다. 그는 아들을 자기 물건처럼 취급했고 알코올에 의지하고 있던 중이었다. 그는 아버지에 대해 '훌륭한 엔지니어'이지만 '끔찍한 인간'이라고 표현한 바 있다. 아버지가 자신을 학대했으며, 자신을 아무것도 아닌 사람처럼 느끼게 만들었다고 말했다. 이런 관계의 긴장감은 일론이 아버지와의 연락을 끊게 된 원인 중 하나로 여겨진다.

머스크는 자신의 외할아버지를 매우 존경했다. 외할아버지 조슈아 노먼 홀드먼Joshua Norman Haldeman은 매우 모험심이 강한 사람이었다. 그는 캐나다에서 개인의 생활을 너무 많이 제재한다고 불만을 품고 남아프리카 곳곳을 누비며 정착할 곳을 찾아다녔고, 결국 프리토리아에 정착했다. 그의 외할아버지는 잃어버린 도시 칼라하리Kalahari를 찾기 위한 대담한 탐험에 가족을 데리고 보츠와나 덤불을 가로지르는 험난한 비행을 하여 남아프리카에서 유명해졌다. 실제로 홀드먼 부부는 단발 비행기로 남아프리카에서 호주까지 최초로 비행에 성공했다. 머스크는 외할아버지의 모험심과 도전 정신을 본받아 자신의 인생을 살아가고 있다고 말했다.

머스크는 일찍부터 과학과 공학에 소질을 보였다. 그는 10살 때 컴퓨터 프로그래밍을 독학으로 배웠다. 또한 직접 로켓을 만들어 지역 장난감 가게에 판매하는 등 컴퓨터와 기업가적 재능을 보였다. 그는 12살 때 블래스터Blastar라는 비디오 게임을 만들었다. 이 게임은 우주를 테마로 한 슈팅 게임으로, 우주선이 수소폭탄을 사용해 적의 우주선을 파괴하는 일종의 우주 전쟁 게임으로 공상과학 소설을 읽고 영감을 받아 만든 것이었다. 머스크는 이 게임의 코드를 작성한 후 'PC와 오피스 테크놀로지'라는 컴퓨터 잡지에 500달러에 판매했다. 이러한 소프트웨어 개발에서의 초기 성공은 머스크가 향후 기술 업계에서 거둘 업적의 지표가 되었다. 이를 통해 그는 비즈니스의 기초를 배우고, 기술과 기업가 정신을 결합하는 방법을 익혔다.

머스크는 어린 시절부터 사고의 깊이와 폭이 남달랐다. 그는 청소년기에 실존적 위기에 빠져 있었다. 당시 그에게는 인생의 모든 것이 덧없어 보였다. 그는 삶의 의미를 알아내기 위해서 다양한 책들을 읽었다. 처음에는 실존주의 철학을 대표하는 쇼펜하우어와 니체의 책들을 탐독했지만 그다지 공감하지 못했다. 낙관적이고 모험심이 강한 그는 실존주의 철학자들의 사상이 너무 부정적이라고 생각했다.

머스크는 공상 과학 소설과 판타지에 대한 열렬한 독자였다. 그는 트위터에 자신의 철학은 더글러스 애덤스Douglas Adams와 아이작 아시모프Isaac Asimov로부터 가장 큰 영향을 받았다고 했다. 더글러스 애덤스는 영국의 코미디언이자 소설가이다. 그는 '은하수를 여행하는 히치하이커 가이드'라는 소설을 통해 유머와 상상력으로 가득한 우주를 그려냈다. 이 소설은 일론 머스크에게 큰 영감을 주었다. 그는 '은하수를 여행하는 히치하이커 가이드'를 통해 우주를 탐험하고 새로운 것을 발견하는 것의 가치를 배웠다. 그리고 아이작 아시모프는 미국의 작가이자 과학자이다. 그는 '로봇의 3원칙'을 통해 로봇이 인간에게 해를 끼치지 않도록 설계되어야 한다는 것을 주장했다. 이 주장은 일론 머스크가 인공지능을 개발하는 데 큰 영향을 주었다.

머스크는 어렸을 때 반에서 가장 작았고 '책벌레'로 불리는 '슈퍼 괴짜'였다. 책과 우주에 관심이 많던 괴짜 소년이 친구들의 눈엔 이상하게 보였는지 그가 고등학생이 되자 심한 왕따와 괴롭힘에 시달리게 된다. 한 번은 계단에서 밀려 굴러떨어진 뒤 의식을 잃을 때까지 맞아 병원에 1주일 가까이 입원하는 일까지 일어났다. 결국 일론은 다른 학교로 전학을 가야 했다. 게다가 머스크의 가족은 자주 이사를 다녀서 그는 7개의 다른 학교를 다녔다. 그래서 훗날 머스크는 자신이 "진정으로 친구를 사귈 기회가 없었다"고 말했다.

10대 후반이 된 머스크는 남아프리카 공화국을 떠나고 싶었다. 당시 남아프리카 공화국은 아파르트헤이트 정책이 시행되고 있던 시기였다. 흑인 민족주의 운동을 근절하기 위해 백인은 18세가 되면 군대에 가야 했다. 하지만 그는 군대에는 가고 싶지 않았다. 머스크는 미국을 피난처로 꿈꾸기 시작했다. 그의 머릿속에는 똑똑하고 혁신적인 사람들이 모여드는 실리콘밸리가 있었다.

머스크가 아버지에게 미국 이민에 대해 이야기를 꺼내자 반응이 냉담했다. 아버지는 남아프리카에서 사업의 뿌리를 확고히 다지고 있던 터라 아예 관심조차 없었다. 아버지는 아들의 미국행을 반대했다. 하지만 혼자 떠날 결심을 한 두려움이 없는 소년은 버스를 타고 캐나다 대사관으로 갔다. 어머니가 캐나다 국적자였기에 쉽게 여권을 발급받을 수 있는 방법을 알아냈다. 머스크는 1년간의 서류 준비와 신청 절차 끝에 여권을 발급받았다.

캐나다를 거쳐 미국으로

1989년 6월, 17세의 머스크는 캐나다에 도착했다. 하지만 그를 기다리고 있었던 것은 엄청난 고생이었다. 아버지 에롤과 멀어지고 난 후라 재정적 지원을 받을 수 없었고, 어머니는 돈이 별로 없어서 타국으로 떠나는 머스크에게 돈을 대줄 수 없었다. 외증조부가 있을 것으로 예상되던 몬트리올의 집엔 다른 사람이 살고 있었다. 몬트리올의 친척들조차 캐나다에서 미국으로 이민을 가 연락이 되지 않았다.

머스크는 1년 동안 노숙자처럼 떠돌아다니며 공장의 보일러실 청소, 목재 공장에서 전기톱으로 통나무를 자르는 일 등 궂은일을 하며 살았다. 그 사이 어머니와 두 명의 동생이 캐나다로 이민을 와 가족이 재회했다. 이 시기에 그는 캐나다와 미국 전역을 여행하며 다양한 문화를 경험하고, 많은 사람들과 네트워킹을 할 수 있었다.

1990년, 그는 온타리오주 킹스턴에 있는 퀸스대학교Queen's University에 입학해서 2년을 다녔다. 그 후 그는 미국 펜실베이니아 대학교University of Pennsylvania로 편입했다. 그는 그곳에서 물리학과 경제학을 공부하며 장학금을 받을 수 있을 만큼 좋은 성적을 올렸다. 이러한 결정의 배경에는 다른 학문적 기회를 찾거나, 특정 교수 밑에서 공부하고 싶거나, 개인적인 이유 등 다양한 이유가 있을 수 있지만, 그 근본적 원인 속에는 실리콘밸리로 진출하고 싶다는 꿈이 있었다.

실리콘밸리는 지구상에서 가장 혁신적인 기술 개발이 이뤄지는 곳이다. 그는 어릴 적부터 기술 혁신의 메카인 실리콘밸리로 진출하고 싶다는 꿈을 지니고 있었다. 17세의 소년 일론 머스크는 캐나다를 통해서 실리콘밸리로 진출하는 꿈을 꾸었던 것이다.

펜실베이니아대학교와 스탠퍼드대학교에서

머스크는 뛰어난 성적 덕분에 장학금을 받았지만 장학금만으론 생활이 넉넉하지 못했다. 그래서 머스크는 통나무를 베거나, 컴퓨터 조립을 하며 생활비를 벌었고, 돈이 부족해 하루 종일 오렌지를 먹으며 끼니를 때울 때도 많았다. 그것이 훗날 유명해진 머스크의 하루 1달러 생활법이었다.

한편으론 이때부터 머스크의 사업가적 기질이 발휘되기 시작했다. 펜실베이니아 대학에 다니던 당시 그는 큰 집을 하나 빌려 10명이 지낼 수 있는 공간으로 집을 나누고, 그걸 다시 10명의 학생들에게 임대를 해주는 방식으로 집세나 생활비를 마련했다. 또 주말에는 큰 공간을 파티 공간으로 꾸미고 파티에 참석하는 친구들에게 입장료를 받아 돈을 마련하기도 했다.

머스크는 펜실베이니아 대학교에서 학업과 기업가 정신을 모두 추구했다. 그는 태양열 발전과 에너지를 동력으로 이용하는 새로운 방법을 발견하는 데 관심을 키웠다. 1994년 12월 수업에서 사업 계획을 짜오라는 과제를 받은 그는 '태양열 발전의 중요성'이라는 제목으로 논문을 썼다. 이 논문에서 머스크는 태양열 발전이 지구 온난화 문제를 해결하고, 에너지 자원을 독립적으로 확보하는 데 도움이 될 수 있다고 기술했다. 또한 태양열 발전이 새로운 일자리를 창출하고, 경제를 활성화하는 데 도움이 될 수 있다고 주장했다. 이 논문은 큰 반향을 일으켰고, 덕분에 우수한 성적으로 펜실베이니아대학을 졸업할 수 있었다.

그가 대학을 다니던 시절 발표한 자료나 논문 등을 보면 환경오염을 일으키지 않는 이동 수단인 전기 자동차, 에너지원인 태양광 에너지, 지구 바깥 세계로 향한 우주개발 등에 관한 것이었다. 머스크는 항상 전기 자동차에 대해 말하고 다녔고, 대학은 미래 사업을 위한 발판 정도로 생각했다. 훗날 일론이 보여주는 모든 행보가 아주 오래전부터 꿈꾸고 계획해 오던 일이라는 것을 알 수 있는 대목이다.

펜실베이니아대학교에서의 학업은 그의 인생에서 가장 중요하고 혁신적인 시기였다. 머스크는 3학년으로 편입해 경제학과 물리학을 복수 전공했으며, '경제학 학사'와 '물리학 학사' 학위를 모두 취득했다. 그는 이러한 전공을 통해 비즈니스와 금융에 대한 깊은 이해를 쌓았으며, 문제 해결 능력과 분석적인 사고를 키울 수 있었다. 이러한 학문적 배경이 그가 나중에 '스페이스X'와 '테슬라' 같은 기술 집약적인 회사를 설립하고 운영하는 데 중요한 밑거름이 되었다. 머스크는 이 두 가지 학문을 함께 공부하면서 여러 산업 분야에 혁신을 일으킬 수 있는 독특한 관점과 툴킷을 갖추게 되었던 것이다.

그해 여름, 그는 자신과 동년배인 마크 안드레센Marc Andreessen이 웹 브라우저인 '넷스케이프Netscape Communications'를 공개해서 놀라운 성공을 거두는 것을 지켜보았다. 1999년 넷스케이프는 미국 최대의 온라인 서비스 업체 'AOL'에 의해 43억 달러에 인수되었다. 이때 머스크는 인터넷이 세상을 근본적으로 변화시킬 것이라는 점을 알게 되었다. 이 밖에도 1995년에 창립된 인터넷 회사는 '아마존', '야후', '이베이' 등이 있었는데, 그것은 머스크의 마음에 깊은 울림을 주었다.

그는 '정말 중요한 일'을 하는 것이 매우 중요하다는 판단을 했다. 머스크는 캘리포니아에 있는 스탠퍼드대학교Stanford University

에서 응용 물리학과 재료과학 분야의 박사 과정을 시작했으나, 스탠퍼드에서의 생활을 시작한 지 단 이틀 만에 자퇴를 결정한다. 이 결정은 머스크의 인생에서 결정적인 순간이었다.

그에게는 급성장하는 인터넷 산업의 매력은 거부할 수 없었고, 다른 많은 사람들보다 먼저 그 잠재력을 깨닫는 선견지명이 있었다. 스탠퍼드 대학을 중퇴하기로 한 결정은 충동적인 것이 아니라 치밀하게 계산되었던 것이다. 그는 빌 게이츠Bill Gates, 스티브 잡스Steve Jobs, 마크 저커버그Mark Zuckerberg, 라리 엘리슨Larry Ellison 등이 전통적인 경로를 벗어나 대학을 중퇴하고 IT 사업으로 성공한 실리콘밸리의 전통에 합류하기 시작한 셈이다. 머스크의 인생에서 가장 큰 전환점은 이때부터 시작된 것이다.

| 일론 머스크의 미래 답안지 |

미래를 바꿀 어린 시절의 꿈

선견지명이 있는 기업가 일론 머스크는 어려서부터 미래를 바꿀 꿈을 꾸었다. 그 꿈이 무엇이었을까? 그 꿈이 무엇인지 정확히 알 수 없지만 그는 인터넷, 청정에너지 및 우주 산업에서 세계적인 기업을 설립하고 궤도에 올려놓았다. 이와 관련하여 일본의 저널리스트인 다케우치 가즈마사는 일론 머스크가 전기차 회사인 테슬라를 설립한 이유는 "세상을 바꾸기 위해서"라고 말했다. 머스크의 어린 시절의 꿈은 크게 세 가지였다.

첫째, 인류가 다른 행성에 정착하고,
둘째, 지구의 환경을 보호하며,
셋째, 공지능의 발전이 인류에게 위협이 되지 않도록 하는 것이다.

머스크는 인생의 마스터플랜에 따라서 철저하게 움직이는 사람이다. 그는 테슬라 외에도 우주항공 기업 '스페이스XSpaceX', 태양광 발전 기업 '솔라시티SolarCity', 교통체증을 해소하기 위해 지하터널을 만드는 '더 보링컴퍼니The Boring Company', 뇌와 인공지능AI을 연결하는 기술을 개발하는 '오픈AIOpen AI'와 '뉴럴링크Neuralink' 등을 설립하면서 어린 시절부터의 꿈을 실현시켜나가고 있다. 그는 이미 인류 역사에 큰 궤적을 남길 '미래의 설계자'로 평가받는다. 오늘날 가장 성공한, 가장 주목받는 혁신적 기업가가 머스크라는 데 이견이 없을 것이다.

Chepter 2

Zip2와 페이팔 공동 창업

일론 머스크는 'Zip2'와 '페이팔paypal'을 공동 창업했다. Zip2는 1995년에 설립된 인터넷 회사로, 신문과 잡지에 온라인 지도와 지도를 제공하는 서비스를 제공했다. 페이팔은 온라인 결제 서비스의 편리성과 안전성을 향상시킴으로써, 기존의 온라인 결제 서비스들과 차별화되었다.

Zip2는 1999년에 '컴팩Compaq Computer'에 3억 7,000만 달러에 인수되었다. 또한 페이팔은 1999년에 설립된 온라인 결제 서비스 회사로, 2002년에 '이베이ebay'에 15억 달러에 인수되었다.

일론 머스크는 이 자금으로 미래를 읽는 답안지를 손에 쥔 듯 테슬라Tesla, 스페이스X, 오픈AI, 뉴럴링크 등 다양한 분야에서 혁신을 주도하고 있다.

동생과 웹 소프트웨어 회사인 'Zip2' 공동 설립

1995년 일론 머스크가 처음 시작한 사업은 '집2코퍼레이션Zip2 Corporation'이라는 웹 소프트웨어 회사였다. 어린 시절부터 소프트웨어 프로그래밍에 재능이 있었던 일론은, 동생 킴벌과 함께 에인절 투자자로부터 자금을 조달하여 회사를 설립했다. 그는 밤에는 사무실 바닥에서 잠을 자고 아침 일찍 근처 YMCA에서 샤워를 한 후 출근하는 생활을 했다.

이 회사는 지도, 길 찾기, 옐로페이지가 포함된 온라인 도시 가이드를 만들겠다는 개념으로 시작했다. 형제는 사업을 시작하기 전에 시장 조사를 실시했다. 신문 독자들이 뉴스를 찾고, 지역 비즈니스를 찾고, 길을 찾는 데 어려움을 겪고 있다는 것을 발견했다. 그들은 또한 신문이 전자 지도와 가이드 서비스를 제공할 수 있다면 독자들의 관심을 끌 수 있다는 것을 알아챘다. 인터넷 보급은 기하급수적으로 증가했지만 대부분의 기업은 아직 이를 활용하는 방법을 완전히 이해하지 못했다.

1995년 11월에 머스크가 자금을 조달하려고 했을 때 그가 만난 벤처 자본가의 절반 이상이 인터넷이 무엇인지도 모르고 사용하지도 않았다. 하지만 타이밍은 완벽했다. 두 형제는 지도, 길 찾기, 전화번호 검색이 가능한 신문용 인터넷 도시 가이드를 개발했다. 인터넷이 태동하던 1995년, 일론은 이미 지금의 네이버 맵이나 카카오맵의 원조 격인 형태의 사이트를 개발하기 시작한 것이다. 그들은 팔로 알토의 작은 임대 사무실에서 일했고, 머스크는 매일 밤 웹 사이트를 코딩했다. 지금은 비슷한 앱이 많이 있지만 당시에는 획기적인 아이디어였다. 집2코퍼레이션은 집집마다 길 안내를 생성하고 이러한 온라인 도시 가이드에 통합할 수 있는 소프트웨어를 개발했다. 그들은 신문에 게재되는 전자 지도와 가이드 서비스를 제공하여 신문 독자들이 뉴스를 찾고, 지역 비즈니스를 찾고, 길을 찾는 데 도움을 주었다. 이 회사는 지도가 포함된 옐로페이지 전화번호부의 인터넷 버전이라고 할 수 있는 검색 가능한 비즈니스 디렉터리도 제공했다.

기업들에게는 등재 비용을 지불하도록 설득하여 성장을 확대했고, 약 1년 후인 1996년 초 '모어 다우도우 벤처스'는 집2코퍼레이션에 약 300만 달러를 투자하고 대주주가 되었다. 이때 머스크는 경험이 풍부한 사업가인 리처드 소킨Richard Sorkin을 CEO로 영입하고, 자신은 수석 부사장 겸 최고기술책임자의 자리를 그대로 유지했다. 소킨의 지휘 아래 집2코퍼레이션은 신문사에 플랫폼을 제공하기 시작했고, 신문사는 온라인 구독자를 위한 지역 디렉터리를 만들 수 있게 되었다.

집2코퍼레이션은 매출이 점점 늘어나고 인지도도 높아지기 시작했다. 뉴욕타임스나 시카고 트리뷴 같은 메이저 신문사들과도 계약을 맺으며 점점 자리를 잡아갔다. 집2코퍼레이션은 B2B기업 간 거래 모델로 운영되었으며, 신문사를 비롯한 전통적인 기업들이 온라인에 진출할 수 있는 소프트웨어 플랫폼을 제공했다. 인터넷이 빠르게 성장하고 디지털 기술이 전통 산업을 변화시키고 있던 당시 이러한 비즈니스는 적중했다. 기업들은 이 소프트웨어를 사용하여 매핑 및 비즈니스 디렉터리와 같은 부가 가치 서비스를 고객에게 제공했다.

또한 집2코퍼레이션은 성장 전략의 일환으로 신문사를 비롯한 전통적인 미디어 기업과의 파트너십도 모색했다. '뉴욕 타임스New York Times'를 필두로 미국 전역의 160개의 신문사와 서비스 계약을 체결했다. 이들 신문사는 고객에게 온라인 도시 가이드를 제공함으로써 디지털 영향력을 확대하고 독자에게 추가 서비스를 제공할 수 있었다. 시간이 지남에 따라 집2코퍼레이션은 매핑과 비즈니스 디렉터리를 넘어 서비스를 다각화하기 시작했다. 이벤트 캘린더, 구인 정보, 온라인 광고와 같은 다른 서비스도 제공하기 시작했다. 이러한 사업 확장은 신문사에 대한 가치 제안을 더욱 강화하여 빠른 성장에 기여했다. 이 사업은 머스크가 인터넷 서비스에 처음으로 진출한 사업이었으며 큰 성공을 거두었다.

Zip2 매각 이후, 미래산업의 큰 그림을 그리다

집2코퍼레이션은 창업 4년 만인 1999년 2월, 컴팩의 자회사 '알타비스타Alta Vista'에 3억 7천만 달러에 매각되어 일론 머스크에게 첫 번째 재정적 성공을 안겨주었다. 이 매각을 계기로 머스크는 미래를 바꾸려는 기업가로서의 여정을 시작할 수 있었다.

집2코퍼레이션의 성공으로 28세의 나이에 억만장자가 된 머스크는 자신이 성공적인 비즈니스를 만들 수 있는 능력이 있다는 사실을 깨닫게 되었다. 이를 통해 그는 자신의 꿈과 아이디어를 성공시킬 수 있다는 자신감을 얻게 되었다. 자금과 시간의 여유가 생긴 머스크는 다음에 무엇을 해야 할지 고민에 직면했다.

그 후 머스크는 인터넷과 기술 혁명이 금융 기관을 개편시킬 시기가 무르익었다는 것을 감지하고 온라인 금융 서비스 및 전자 메일 지불 회사인 '엑스닷컴X.com'을 설립했다. 이 회사는 이메일 기반의 온라인 뱅킹 서비스를 제공 계좌 개설, 송금, 결제 등을 할 수 있는 서비스를 제공하는 온라인 솔루션 회사였다. 온라인 은행의 선두주자가 된 것이다.

머스크의 엑스닷컴은 2000년에 컨피니티Confinity와 합병 후 '페이팔PayPal'이라는 이름으로 운영되기 시작했다. 페이팔은 온라인 및 오프라인에서 사용할 수 있는 강력한 결제 서비스를 만들었다. 후에 이 페이팔은 이베이eBay에 의해 약 15억 달러에 인수되었고, 머스크는 다시 한번 도약할 수 있는 거금을 거머쥐게 되었다.

이러한 성공을 바탕으로 머스크는 페이팔, 스페이스X, 테슬라, 뉴럴링크 등 여러 유명 기술 기업을 설립하거나 이끌게 되며, 여러 혁신적 기업을 설립하고 이끄는 데 있어 타의 추종을 불허하는 성공을 거두었다. 이러한 그의 벤처기업은 단순한 비즈니스 성공에 그치지 않고 산업을 변화시키며 새로운 표준을 세우고 있다.

온라인 결제 시스템 '페이팔' 공동 설립

첫 창업에서 큰 성공을 거둔 머스크가 눈을 돌린 곳은 바로 온라인 금융시장이었다. 사실 그는 집2코퍼레이션의 매각이 진행되기 전부터 온라인 은행 설립에 큰 관심을 갖고 있었다. 그가 퀸즈대학에 재학 중이던 당시, 방학 때 은행에서 인턴을 경험한 덕분에 금융시장에 대한 이해가 어느 정도 있었다. 그 당시 이미 인터넷이 존재하고 있었는데, 금융 업무를 꼭 은행에 가서 봐야 하는가 하는 의문이 들었다.

일론 머스크는 집2코퍼레이션의 매각으로 거액을 번 한 달 후인 1999년 3월, 두 번째 사업으로 1,200만 달러를 투자해서 21세기형 온라인 금융 서비스 회사인 엑스닷컴을 설립했다. 머스크는 새로운 개념의 온라인 은행을 창업하기 위해 이와 관련된 인재들을 모았다. 평소 친분이 있던 헤리스 프리커Harris Fricker, 크리스토퍼 페인Christopher Payne 등과 함께하게 된 머스크는 이메일을 활용하여 현금을 주고받는 시스템을 개발하는 데 성공했다.

엑스닷컴은 출시와 동시에 큰 성공을 거두었다. 이 회사는 모바일 기기의 보안 소프트웨어를 개발하는 회사인 컨피니티와 합병했고 일론 머스크는 CEO가 됐다. 합병된 회사는 그 후 회사 이름을 '페이팔paypal'로 바꾸었다. 피터 틸Peter Thiel, 맥스 레브친Max Levchin, 루크 노섹Luke Nosek 그리고 켄 하워리Ken Howery가 공동 창업자가 되었다.

페이팔은 인터넷으로 빠르고 쉽게 돈을 보내고 받을 수 있는 방법을 제공함으로써 온라인에서 물품과 서비스를 안전하고 편리하게 구매할 수 있어 빠르게 인기를 얻었다. 페이팔은 지금으로 치면 애플페이, 카카오페이, 네이버 페이 같은 것인데, 1990년대 후반의 일이니 얼마나 선도적인 사업이었는지 알 수 있다.

페이팔은 2000년 3월 이베이의 결제 시스템으로 출시되었으며, 이후 전 세계적으로 디지털 결제 플랫폼을 제공하는 선도적인 금융 기술 회사가 되었다. 모든 규모의 비즈니스와 개인이 빠르고 쉽게 돈을 주고받는 데 사용한다. 현재는 전 세계 200여 개국에서 3억 9,200만 명 이상의 활성 사용자를 보유한 세계에서 가장 인기 있는 온라인 결제 플랫폼 중 하나다. 페이팔은 최첨단 암호화 기술을 사용하여 개인 및 금융 정보를 보호하며, 온라인에서 상품과 서비스 그리고 식료품부터 항공권까지 모든 결제에 페이팔을 사용할 수 있다.

페이팔은 2002년 이베이에 15억 달러에 인수되었다. 이베이는 2015년에 페이팔을 별도의 상장 기업으로 분사했으며, 이를 통해 페이팔은 서비스 확장에 집중할 수 있었다. 이후 페이팔은 기본적인 송금 서비스를 넘어 신용카드, 중소기업 대출, 다른 금융 플랫폼과의 통합과 같은 상품을 제공하며 서비스를 확장했다. 또한 전 세계로 사업을 확장하여 국제적으로 인정받는 브랜드가 되었다. 페이팔은 혁신적인 아이디어, 전략적 계획, 지속적인 확장을 통해 온라인 결제 업계에서 가장 중요한 업체 중 하나가 될 수 있었다.

페이팔 성공의 5가지 단계

1 필요를 파악했다. 1990년대 후반 온라인 쇼핑은 빠르게 성장했지만 온라인에서 물품과 서비스를 안전하고 편리하게 구매할 수 있는 방법은 없었다. 페이팔은 온라인에서 돈을 보내고 받을 수 있는 안전하고 쉬운 방법을 제공함으로써 이 필요를 충족했다.

2 훌륭한 제품을 만들었다. 페이팔은 사용하기 쉽고, 안전하며, 신뢰할 수 있었다. 이로 인해 온라인 쇼핑객들에게 필수 결제 수단이 되었다.

3 효과적으로 제품을 마케팅했다. 페이팔은 잠재 사용자들에게 제품을 알리기 위해 노력했다. 그들은 텔레비전, 잡지, 인터넷에서 광고했다. 페이팔의 가장 효과적인 전략 중 하나는 사용자 확보 모델이었다. 페이팔은 처음에 신규 고객에게 10달러의 가입 인센티브와 친구의 가입을 유도하는 경우 10달러의 추천 보너스를 제공했다. 이러한 '친구 추천' 전략은 페이팔이 빠르게 성장하고 임계 사용자 수를 확보하는 데 도움이 되었다.

4 다른 회사와 파트너십을 맺었다. 페이팔은 이베이와 같은 다른 회사와 파트너십을 맺어 고객들이 페이팔을 쉽게 사용할 수 있도록 했다. 이것은 페이팔의 범위를 넓히고 인기를 높이는 데 도움이 되었다. 페이팔은 당시 다른 결제 수단보다 효율적이고 신뢰할 수 있는 거래 방식으로 온라인 경매 사이트인 이베이에서 인기를 얻었다. 사용자들은 페이팔을 선호했다.

5 경쟁에서 앞서갔다. 페이팔은 지속적으로 혁신하고 제품을 개선했다. 이것은 경쟁에서 앞서서 선도적인 온라인 결제 플랫폼으로서의 위치를 유지하는 데 도움이 되었다.

| 일론 머스크의 미래 답안지 |

'페이팔 마피아'의 탄생

'페이팔 마피아'는 실리콘밸리 성공의 대명사다. 페이팔 마피아는 2002년 이베이가 페이팔을 인수한 후, 페이팔에서 일했던 사람들의 모임을 일컫는 말이다. 이들은 페이팔에서 쌓은 기술과 경험을 바탕으로 다양한 분야에서 성공적인 스타트업 기업을 창업했다. 이 멤버들은 다양한 분야에서 성과를 거두며, 스타트업 생태계에 큰 영향을 미쳤다. 대표적인 페이팔 마피아로는 일론 머스크를 비롯해서 피터 틸, 리드 호프만, 레이드 호스니, 데이비드 사프란, 루크 노스, 맥스 레브친, 로엘 보텔라, 제레미 스톱플먼 등이 있다.

오늘날 페이팔 마피아는 실리콘밸리에서 가장 영향력 있는 기업가 집단 중 하나로 평가받고 있다.

- 피터 틸Peter Thiel : 페이팔의 안전한 온라인 결제 시스템 개발에 참여한 경험을 바탕으로, 벤처 투자 회사인 팔로 앤테크노스를 설립하고 페이스북을 비롯한 여러 스타트업 기업에게 투자하고 있다. '제로 투 원'의 저자로 유명하다.
- 리드 호프만Reid Hoffman : 페이팔의 최초 CEO이며, "실리콘밸리에서 가장 발이 넓은 사람"이다. 소셜 미디어 분야에서의 창업 경험을 토대로 '링크드인LinkedIn'을 공동 창업하여 전문적인 비즈니스 네트워킹 플랫폼으로 성장시켰다.
- 스티브 첸Steve Chen : 페이팔 엔지니어 출신으로 동영상 공유 웹사이트 '유

튜브YouTube'를 차드 헐리, 자위드 카림과 공동 창업했다. YouTube는 사용자가 비디오를 업로드, 공유, 시청, 댓글을 달 수 있는 플랫폼으로 현재 세계에서 가장 인기 있는 비디오 공유 플랫폼 중 하나다.

- 제레미 스토펠먼Jeremy Stopelman : 페이팔 엔지니어 출신으로 2004년 '옐프Yelp'를 공동 창업했다. 옐프는 지역 비즈니스에 대한 사용자 리뷰와 평가를 제공하는 플랫폼으로 현재 미국에서 가장 인기 있는 지역 비즈니스 플랫폼 중 하나다.
- 켄 하우리Ken Howery : 페이팔 공동 창업자이자 최고 재무 책임자CFO를 역임했다. 2012년에는 다양한 전문가와 직접 연결할 수 있는 온라인 학습 플랫폼인 'Popexpert'를 창업했다. Popexpert는 현재 미국, 유럽, 아시아 등 전 세계에서 사용되고 있다.
- 맥스 레브친Max Levchin : 페이팔을 공동 설립했으며 이후 여러 성공적인 회사를 설립했다. 그는 소비자 대출을 제공하는 금융 기술 회사인 'Affirm'의 설립자 겸 CEO이자 2010년 구글Google이 인수한 소셜 미디어 회사인 '슬라이드Slide'의 설립자다. 슬라이드는 2D 및 3D 콘텐츠를 생성 및 공유할 수 있는 소셜 미디어 플랫폼이다.
- 데이비드 색스David Sacks : 2008년에 엔터프라이즈 소셜 네트워킹 서비스를 제공하는 회사인 '얘머Yammer'를 공동 설립했다. Yammer는 기업의 사내 소통 및 협업을 돕는 소셜 네트워킹 도구다. 2012년에 마이크로소프트Microsoft에 이 도구를 12억 달러에 팔았으며 현재는 Microsoft 365의 일부로 제공되고 있다.
- 로엘로프 보타Roelof Botha : 페이팔의 CFO였으며 세계에서 가장 크고 성공

적인 벤처 캐피털 회사 중 하나인 '세쿼이아 캐피털Sequoia Capital'의 파트너다. 세쿼이아 캐피털은 구글, 페이스북, 우버, 링크드인 등 세계적인 기업에 투자한 것으로 유명한 벤처 캐피털 회사다. 그는 세쿼이아 캐피털에서 기술 기업에 투자하고 있다.

- 루크 노스Luke North : 페이팔을 이베이에 매각한 후 벤처 캐피털 회사인 '노스 벤처스'와 '이스트 벤처스', '드래곤플라이 벤처스'를 설립했다. 2006년에 설립한 노스 벤처스는 핀테크, 헬스케어, 인공지능 분야의 스타트업에 투자하고 있다. 2008년에 설립한 이스트벤처스는 아시아 지역의 스타트업에 투자하고 있다. 2012년에 설립한 드래곤플라이 벤처스는 여성 창업자와 여성이 주도하는 스타트업에 투자하고 있다.
- 빌 해리스Bill Harris : 페이팔에서의 경험을 바탕으로 2009년에 온라인 재무 관리 회사 '퍼스널 캐피털Personal Capital'을 창업했다. Personal Capital은 개인의 재무 상황을 분석하고, 투자를 관리하고, 재정 목표를 달성하도록 돕는 온라인 플랫폼을 제공한다. 이 회사의 플랫폼은 무료로 사용할 수 있으며 개인의 수입, 지출, 투자, 자산, 부채 등을 한눈에 볼 수 있다. 개인의 재무 관리를 보다 쉽게 하고, 재정 목표를 달성하도록 돕는 혁신적인 플랫폼으로 인정받고 있다.

페이팔 마피아의 멤버들은 현재도 긴밀한 관계를 유지하며 지속적인 비즈니스 벤처를 이어가는 것으로 유명하다. 이들은 사업 및 투자 기회를 논의하기 위해 별도의 모임을 개최하는 것으로 알려져 있다.
페이팔 마피아 멤버들은 2002년부터 매년 1회, 만남을 갖고 있다. 이 만남은 페이팔 마피아 멤버들이 서로의 경험을 공유하고, 새로운 비즈니스 기회를 모색하기 위해 마련된다. 초기에는 페이팔 마피아 멤버들만 참석했지만, 최근에는 페이팔 마피아 멤버들의 지인과 파트너사도 참석하고 있다. 페이팔 마피아 만남은 실리콘밸리의 창업 문화를 바꾸고, 전 세계에 영향을 미치고 있다. 이들의 만남은 실리콘밸리에서 가장 중요한 행사 중 하나로 평가받고 있다.

페이팔 마피아들은 혁신적인 기술과 비즈니스 모델을 통해 새로운 산업을 창출하고, 기존 산업을 혁신하고 있다. 혁신적인 기술과 비즈니스 모델을 추구하는 것이다. 그들은 기술의 발전과 비즈니스의 변화를 예측하고, 이를 실현하기 위한 기업을 창출했다. 이러한 노력으로 인해 페이팔 마피아 멤버들은 실리콘밸리의 창업 문화를 형성하고 바꾸는 데 큰 역할을 담당하고 있다.

페이팔 마피아의 성공은 실리콘밸리의 창업 문화를 바꾸고, 전 세계에 영향을 미치고 있다. 페이팔의 매각 이후 새로운 도전에 나선 페이팔 마피아가 없었다면 지금의 테슬라, 유튜브, 링크드인도 없었을 것이다.

Chepter 3

첫 번째 기업가적 좌절, 그리고…

페이팔은 1999년 일론 머스크가 공동 창업한 온라인 결제 서비스 회사였다. 하지만 일론 머스크는 2002년 페이팔에서 축출되는 첫 번째 기업가적 좌절을 겪었다. 페이팔은 빠르게 성장했으나 그의 동료 이사들이 그의 관리 스타일에 동의하지 못하고, 갈등을 빚은 탓에 페이팔에서 축출되었던 것이다. 일론 머스크는 이를 두고 "나는 내 인생에서 가장 어두운 시기를 보냈다"고 말했다.

2002년에 페이팔이 이베이에 15억 달러에 팔렸을 때, 머스크는 자신의 지분으로 1억 6500만 달러를 받았다. 이 돈은 그의 두 개의 차기 사업인 스페이스X와 테슬라 모터스에 투자하는 데 사용되었다. 머스크는 이들 회사를 통해 항공우주 및 자동차 산업에서 혁신을 이끌었고, 그의 기업가 정신이 결코 꺾이지 않음을 보여주었다. 그는 오히려 그 경험을 학습의 기회로 삼아 더 큰 성공을 거두었다. 머스크가 페이팔에서 축출된 후에도 계속해서 성공을 거둔 이유는 다음과 같다.

그는 혁신적인 아이디어를 가지고 있다.

그는 실패를 두려워하지 않는다.

그는 탁월한 리더십 능력을 가지고 있다.

그는 재능 있는 팀을 구성했다.

머스크가 페이팔에서 축출된 이후

2002년, 머스크는 페이팔의 CEO였지만 회사의 경영진과 의견이 맞지 않아 해고되었다. 그는 페이팔의 인프라를 유닉스UNIX 대신 마이크로소프트로 바꾸길 원했다. 하지만 다른 임원들이 무모한 일이라고 반대했고 의견 충돌로 이어져, 첫 번째 부인인 저스틴 윌슨과 신혼여행 중 페이팔의 CEO 직에서 물러나라는 통고를 받았다.

커피니티의 창업자 피터 틸과 맥스 레브친은 머스크가 신혼여행을 떠난 틈을 타 회사에 긴급 이사회를 소집하고, 머스크의 해임안을 통과시키고 새로운 CEO로 피터 틸을 지명했다. 이 소식을 들은 머스크는 신혼여행 중 귀국길에 올랐지만 경영진은 그 결정을 밀어붙였다.

당시 페이팔 사이트는 해커의 공격에 취약했고, 일주일에 한 번씩 다운되었고, 거래 수수료와 가입 보너스로 인해 수입보다 손실이 더 많았다. 그래서 머스크는 페이팔의 인프라를 유닉스에서 마이크로소프트의 윈도우로 전환하자는 제안을 했었다. 하지만 다른 경영진은 시스템 중단의 잠재적 위험과 전환에 따른 막대한 비용을 치를 것이라고 걱정하며 이러한 전환에 반대했다. 결국 그는 페이팔의 공동 창업자이자 CEO였지만, 회사의 경영진과 의견이 맞지 않아 해고되고 만 것이다. 훗날 페이팔의 부사장이었던 빌 해리스Bill Harris는 회사 직원들이 머스크가 이러한 문제를 해결할 수 있을지 확신할 수 없었다고 설명했다.

하지만 그의 좌절의 시기는 길지 않았다. 머스크는 몇 달도 지나지 않아 곧바로 부활의 축포를 터트렸다. 2002년 12월 이베이가 페이팔을 15억 달러에 인수한 덕분이었다. 머스크는 CEO 직에서 물러났지만 여전히 페이팔의 주요 주주로 남아 있었다. 지분 11.7%에 해당하는 주식을 갖고 있었기에 1억 6,500만 달러를 수중에 넣을 수 있었다. 무일푼으로 시작해서 어마어마하게 큰돈을 번 것이다.

일시적으로 좌절에 잠겼던 머스크는 하늘을 날 수 있는 날개를 단 기분이 들었다. 그는 이제부터 무엇을 해야 할지에 대해서 잘 알고 있었다. 새로운 자본이 유입되고 확고한 신념이 생긴 머스크는 다음 사업을 고려하기 시작했다. 한동안 기술 산업에 종사해 온 머스크는 기술 산업이 성장하고 발전하는 놀라운 속도를 목격했다. 항상 몽상가이자 아이디어맨이었던 그는 이제 자신의 비전을 현실로 만들 수 있는 재정적 수단을 갖게 되었다.

이 무렵 머스크는 자신만의 주요 관심사를 또다시 탐구하기 시작했고, 결국 가장 유명한 벤처기업을 설립할 구체적 청사진을 만들기 시작한다. 통상적으로 억만장자들은 안전하게 재산을 관리하고 편안한 삶을 추구한다. 그러나 이 시점부터 일론 머스크는 어릴 적부터 꿈꿔오던 지속 가능한 인류의 미래를 설계하기 위한 프로젝트들에 본격적으로 착수했다.

'스페이스X'와 '테슬라'에 대한 영감을 얻다

이 무렵 머스크는 두 가지 주요 관심사를 탐구하기 시작했고, 결국 가장 유명한 벤처기업을 설립하게 된다. '스페이스X'와 '테슬라Tesla Motors'다. 스페이스X는 인류가 화성 여행을 할 수 있도록 로켓과 우주선을 개발하는 우주 탐사 회사이고, 테슬라는 합리적인 가격의 고성능 전기 자동차를 개발하는 전기 자동차 회사다.

일론 머스크는 어릴 때부터 우주에 대한 깊은 관심을 가지고 있었으며, 우주 탐사와 관련된 많은 책들을 읽으며 꿈을 키워왔다. 그는 항상 인간이 다른 행성, 특히 화성을 식민지로 삼는다는 아이디어에 매료되어 있었다. 그는 인류가 장기적으로 생존하기 위해서는 여러 행성을 탐험하는 종족이 되어야 한다고 믿었다. 이러한 생각은 우주 운송 비용을 절감하여 화성 식민지화를 가능하게 하겠다는 목표로 2002년에 스페이스X를 설립한다.

또한 머스크는 환경 문제와 지속 가능한 에너지에 대한 관심으로 전기 자동차에 대한 필요성을 절감하고 있었다. 그는 기존의 내연기관 자동차가 환경에 미치는 부정적인 영향을 줄이기 위해 전기 자동차의 대중화를 목표로 테슬라에 투자하고, 이후 CEO로서 회사를 이끌게 되었다. 테슬라는 전기 자동차의 성능과 디자인을 혁신적으로 개선하여 대중의 인식을 변화시켰다.

머스크는 전형적인 억만장자가 아니다. 그는 단순히 앉아서 부를 누리는 데 만족하지 않는다. 그는 세상을 변화시키고 유산을 남기고자 하는 열망에 이끌려 움직인다. 그는 지구상의 문제들을 해결하고 인간이 생존하기 위해서는 '다행성 인종'이 되어야 한다고 믿는다. 그는 또한 환경에 대해 우려하고 있으며 지속 가능한 에너지원으로 전환해야 한다고 믿는다.

이러한 신념은 머스크가 가장 야심 차게 추진하는 두 가지 프로젝트인 스페이스X와 테슬라의 원동력이었다. 스페이스X는 2012년 최초로 재사용 가능한 로켓을 발사하여 우주 개발에 혁명을 일으켰다. 테슬라는 2008년 최초의 전기 스포츠카인 로드스터를 출시하여 전기 자동차 시장을 개척했다. 테슬라는 단순히 전기 자동차 제조사에 그치지 않고, 에너지 저장 시스템과 태양광 패널을 통해 지속 가능한 에너지 솔루션을 제공하는 통합 에너지 생태계를 구축하고 있다.

스페이스X와 테슬라 모두 위험한 모험이었지만, 머스크는 인류의 미래를 위해 필수적이라고 믿었기 때문에 기꺼이 위험을 감수했다.

일론 머스크의 성공 비결, '사고법 제1원칙'

일론 머스크는 '사고법 제1원칙First Principles Thinking'을 통해 성공을 거둔 것으로 알려져 있다. 그는 페이팔 매각 이후 스페이스X, 테슬라, 오픈AI, 솔라시티SolarCity 등 다양한 분야에서 회사를 설립하고 운영하고 있는데, 어려움이 닥칠 때마다 자신만의 독특한 '사고법 제1원칙'을 가동시켜서 난관을 돌파했다.

일론 머스크의 '사고법 제1원칙'은 복잡한 문제를 해결하기 위한 사고방식으로 모든 문제를 근본적인 요소로 분해한 후, 그 요소들로부터 새로운 해결책을 만들어내는 방법이다. 즉, '모든 것을 처음부터 다시 생각하자'는 것이다. 기존의 관습이나 지식을 깨고 새로운 것을 생각해 내는 머스크 특유의 방법적 사고다.

이것은 물리학에서 시작된 개념으로 가장 기본적인 진실이나 원칙을 찾아내는 과정을 의미한다. 머스크는 생각을 할 때 가장 근본적인 부분까지 파고든다. 근본적인 논리에 이를 때까지 문제를 압축, 단순화해 나가는 방식이다. 그는 이 사고법을 바탕으로 전기차, 우주탐사, 인공지능 등 기존의 산업에서 혁신을 일으켰다. 예를 들어, 전기차 사업을 처음 시작할 때 사람들은 배터리 비용이 많이 들기 때문에 전기 자동차는 상업적으로 성공할 수 없다고 했다. 하지만 머스크는 이러한 가정을 받아들이지 않았고 '사고법 제1원칙'을 적용하여 문제를 분석했다. 그는 가장 근본적인 요소까지 바꿔 들어가면 혁신을 이룰 답이 있을 거라고 생각했다.

머스크는 배터리 팩은 무엇으로 만들어지는가에 대한 질문으로 시작했다. 다음 질문은 배터리 구성 요소들의 가격은 어떻게 형성되어 있는가였다. 이 질문의 답을 구하기 위해서는 먼저 배터리 구성 요소를 분석해야 한다. 배터리는 코발트, 니켈, 알루미늄, 리튬 등의 물질들과 전해액과 분리막 그리고 밀봉된 캔으로 이루어져 있다. 그는 배터리를 구성하는 원자재의 가격을 계산하고, 이러한 원자재를 어떻게 효율적으로 조합할 수 있을지 고민하면서, 결국에는 배터리의 가격을 대폭 낮출 수 있다는 결론에 도달했다.

배터리의 성분과 구성요소에 대한 세부적 분석 결과는 놀라웠다. 먼저 배터리에 들어가는 금속들을 중간 업체들을 통하지 않고 런던 금속거래소에서 직접 구매하는 방법을 찾았다. 그동안 1킬로와트 시당 600달러가 들었던 재료 가격이 든다고 알고 있었는데, 1킬로와트 시당 80달러 정도만 지불하면 재료를 직접 구입할 수 있었던 것이다. 8분의 1로 원가를 낮출 수 있다는 것을 알아낸 것이다. 머스크는 계속해서 각각의 물질들에 직접 접근해 배터리 형태로의 결합을 연구했고, 그 결과 누구도 생각하지 못할 만큼 저렴한 비용으로 배터리를 만들 수 있게 되었다. 사람들은 배터리 가격이 미래에도 떨어지지 않을 것이기에 전기차가 성공하지 못할 것이라고 했으나 머스크는 그 생각을 뒤집었다.

또한 일론 머스크는 스페이스X에서도 제1원칙 사고법을 사용하여 로켓 발사의 비용을 획기적으로 절감했다. 기존 로켓 발사 비용이 수억 달러에 달했지만, 머스크는 로켓의 재료 비용을 분석하여 더 저렴한 재료를 찾고, 재사용 가능한 로켓을 개발함으로써 비용을 크게 줄였다. 이를 통해 스페이스X는 우주 탐사의 상업화를 가능하게 했다.

그는 항상 새로운 것을 시도하고, 기존의 방식을 바꾸는 것을 두려워하지 않았다. 그 결과, 머스크는 우주탐사 기업 스페이스X

를 비롯한 여러 회사를 창업하고 전기 자동차 회사 테슬라를 경영하면서 놀라운 성과를 거두었다. 일론 머스크의 제1원칙 사고방식을 적용하는 방법은 다음과 같다.

문제의 근본 원리를 이해한다.
그 원리를 바탕으로 새로운 해결책을 도출한다.
실패를 두려워하지 않는다.
끊임없이 도전한다.

이 사고법은 문제를 가장 기본 요소로 분해해서 단순화하고, 그 요소들을 다시 조합하는 방식으로 새로운 해결책을 찾는다는 점이다. 이는 혁신적인 아이디어와 창조적인 솔루션을 찾는 데 매우 유용하며, 일론 머스크가 그의 사업들에서 큰 성공을 거둔 주요 원인 중 하나다.

| 일론 머스크의 미래 답안지 |

우주 개발 사업은 인류의 미래를 위한 것

일론 머스크는 어려서부터 우주에 관심이 많았다. 그는 우주 탐사를 통해 인류가 새로운 지식을 얻고, 새로운 기술을 개발할 수 있다고 믿었다. 또한 우주 탐사가 인류의 미래를 위해 필수적이라고 생각했다. 그의 목표는 화성을 지구의 '플랜 B'로 만드는 것이며, 이는 인류가 어떠한 지구 규모의 재앙에도 대비할 수 있도록 하는 것이다.

머스크는 2002년 스페이스X를 설립하고 우주 탐사를 위한 로켓과 우주선을 개발하기 시작했다. 스페이스X는 2012년 민간 기업으로서는 처음으로 우주 정거장에 화물을 실어 날랐다. 이로써 그는 우주 개발 분야에서 큰 성공을 거두었다.

머스크는 지구가 수명을 다하기 전에 인류는 화성으로 이동을 해야 된다고 생각한다. 인류가 스페이스X를 통해 화성으로 가는 로켓과 우주선을 개발하고 있다. 그는 화성 이주 프로젝트를 통해 인류의 생존을 보장할 수 있다고 믿고 있다.

스티븐 호킹Stephen William Hawking도 지구가 멸망할 위기에 처해 있다고 경고했다. 그는 지구의 자원 고갈, 기후변화, 핵전쟁 등을 그 이유로 꼽았다. 그는 2006년 BBC와의 인터뷰에서 "수백 년 내에 지구가 불덩어리가 될 것이다. 인류가 다른 행성으로 이주할 수 있는 기간은 100년밖에 안 남았다"고 말해 인류에게 큰 충격을 주었다. 그의 경고는 인류가 지구를 보호하고, 다른 행성으로 이주하기 위해 노력해야 한다는 것을 의미한다.

Chepter 4

스페이스X - 별을 향한 도전

'스페이스X Space Exploration Technologies Corp'는 일론 머스크가 2002년에 설립한 민간 우주 개발 기업이다. 2012년에 민간 기업으로는 최초로 우주선을 국제 우주 정거장에 보내는 데 성공으며, 저비용 우주 발사체 개발에 주력하고 있다. 스페이스X는 또한 화성 탐사 계획으로 2027년에 화성에 유인 우주선을 보내는 것을 목표로 하고 있다. 머스크는 화성에 인류의 식민지를 만들고 그곳에 지속 가능한 생명체를 보낼 수 있도록 하는 것을 목표로 하고 있다.

스페이스X는 여러 과학적 발전과 기술적 혁신을 이뤄냈다. 대표적인 예로, 재사용 가능한 로켓 부스터를 개발했다. 우주를 더 저렴하고 접근하기 쉽게 만드는 것이다. 이를 통해 더 많은 사람들이 우주를 경험할 수 있도록 하고 있다.

스페이스X의 목표는 인류의 미래를 보장하는 것이다. 화성 탐사를 통해 인류가 더 안전한 행성을 찾고, 지구의 자원을 보호하는 데 기여하고 있다. 스페이스X는 우주에 대한 도전을 계속하고 있으며, 다양한 프로젝트와 계획이 진행 중이다. 이뿐만 아니라 스타링크 Starlink 위성 네트워크의 구축, 차세대 우주선인 스타십 Starship의 개발이 포함된다.

스페이스X는 일론 머스크의 꿈과 열정으로 탄생한 기업이다. 우리가 우주를 바라보고 이해하는 방식을 혁신적으로 변화시키고 있다. 이러한 행보는 우리가 별과 우주를 탐사하는 방식에 대한 새로운 가능성을 보여주고 있다. 스페이스X는 우주 개발의 역사를 바꾸고 있으며, 인류의 미래를 밝히고 있다.

'스페이스X'의 설립과 화성 식민지 개척의 목표

화성 식민지 개척의 목표

일론 머스크는 2017년 4월 테드 강연에서 "지구에도 해결해야 할 시급한 과제가 많은데 왜 화성에 가려고 하나요?"라는 질문에 다음과 같이 답했다.

> "지구에도 해결해야 할 시급한 과제가 많습니다. 하지만 그중 가장 시급한 과제는 지구가 언젠가 파괴될 수 있다는 것입니다. 지구는 화산 폭발, 소행성 충돌, 핵전쟁 등 다양한 위협에 노출되어 있습니다. 만약 이러한 위협 중 하나가 현실화된다면 인류는 멸망할 수 있습니다. 화성은 지구와는 다른 환경을 가지고 있지만, 생존 가능한 환경을 조성할 수 있습니다. 화성에 식민지를 건설한다면 인류는 지구가 파괴되더라도 생존할 수 있습니다. 화성 식민지는 인류의 미래를 보장하는 것입니다."

머스크는 화성에 대한 강렬한 흥미와 야망을 가지고 있다. 그는 자주 "다행히도, 우리가 다른 행성에 살 수 있게 하는 기술을 개발하고 있다"라고 말했다. 그의 목표는 화성에 자기 지속적인 인간 식민지를 설립하는 것이다. 그는 이를 통해 인류가 화성에서 살아갈 수 있도록 돕는 것이 중요하다고 생각한다. 한 마디로 말해 머스크의 화성 식민화 계획에 대한 명확한 이유는 '인류의 멸종 방지'

다. 그는 지구에서 인간 생명에 대한 전염병, 핵전쟁, 인공지능 등 중대한 위협이 생길 경우 다른 행성에 인간이 존재함으로써 인류가 완전히 멸종하는 것을 방지할 수 있을 것이라는 생각을 강조하고 있다. 이는 종종 '멀티 플래네테리 인류multi-planetary humanity' 또는 '플래네테리 다각화planetary diversification'라고 불리는 개념이다.

'다행성 인종'은 인류가 다른 행성에 거주할 수 있는 인프라를 개발하고, 인간들이 지구 이외의 행성에서도 살아갈 수 있는 환경을 조성하는 것을 목표로 한다. 이를 위해 우주 탐사, 우주 정착, 인공 환경 구축, 장거리 우주여행 등 다양한 기술과 연구가 필요하다. 스페이스X는 최대 100명을 태울 수 있도록 설계된 완전히 재사용 가능한 우주선인 스타십을 개발해 왔다. 궁극적으로는 화성에 수천 명, 나아가 수백만 명이 거주할 수 있는 식민지를 건설하는 것이 목표다.

하지만 비판도 만만치 않다. 일부에서는 이러한 계획에 필요한 막대한 자원을 빈곤, 기후 변화, 생물 다양성 보호와 같은 지구의 시급한 문제를 해결하는 데 더 잘 사용할 수 있다고 주장한다. 또 다른 사람들은 중력 감소와 우주 방사선에 장기간 노출될 경우 건강에 미치는 영향, 화성에서 식량과 기타 필요한 자원을 생산하기 어려운 점, 혹독하고 고립된 환경에서 생활하는 데 따른 심리적 어려움 등 엄청난 기술적 도전과 위험을 지적하기도 한다.

이러한 논란에도 불구하고 우주 탐사 문명에 대한 전망은 많은 사람들의 상상력을 사로잡고 있다.

'스페이스X'의 탄생

일론 머스크는 화성 탐사에 대한 기발한 아이디어를 하나 시작했다. 바로 '화성 오아시스Mars Oasis'라는 프로젝트였다. 화성에 작은 실험용 온실을 설치해 식물을 재배하는 계획이었다. 그는 "이것은 생명체 중 가장 먼 여정이 될 것입니다"라고 말했다. 이 프로젝트는 화성 탐사에 대한 대중의 관심을 불러일으키고 NASA의 예산 지원을 얻고자 고안되었다.

머스크는 이 아이디어를 실현하기 위해서 두 개의 로켓이 필요했다. 하지만 미국의 로켓은 너무 비싸 자신이 가진 돈으로는 감당할 수 없기에, 더 저렴한 대륙간탄도미사일ICBM 로켓을 구매하려 러시아를 세 번이나 방문했다. 당시는 구 소련이 붕괴된 때여서 더 이상 쓸모가 없어진 ICBM이 굴러다닐 때였다. 그것을 사다가 발사체로 개조해서 우주로 쏘아올려야겠다라는 생각을 가지고 러시아로 날아갔다.

하지만 러시아 사람들은 머스크의 아이디어를 진지하게 받아들이지 않았고 매우 높은 가격을 제시했다. 러시아 책임자는 한 대당 800만 달러라는 가격을 제시했는데, 머스크는 두 대에 800만 달러를 지불하겠다고 흥정했다. 하지만 러시아 책임자는 설마 이 젊은이가 그럴만한 돈을 갖고 있기나 할까 싶어서 고자세로 일관했다. 기분이 상한 머스크는 뒤도 돌아보지 않고 협상장을 빠져나왔다. 이 때문에 머스크는 전략을 다시 생각하게 되었다.

돌아오는 비행기에서 그는 엑셀로 무엇인가를 열심히 계산하고 있었다. 머스크는 함께 러시아 출장을 갔던 아데오 레시Adeo Ressi와 짐 캔트럴Jim Cantrell에게 "로켓 재료 값을 계산해 봤더니, 우리가 직접 만들 수 있겠어"라고 말했다. 그가 제1원칙 사고방식을 이용해 분석해 본 결과 로켓의 실제 재료비가 로켓 가격의 3%에 불과하다는 계산 결과가 나왔던 것이다.

머스크는 직접 로켓을 제조하여 우주로 가는 길을 열어야겠다고 목표를 정했다. 그는 스스로 로켓 과학 교과서를 공부하여 독학하기 시작했으며 몇 달 만에 비용, 재료 및 성능을 자세히 설명하는 스프레드시트를 만들었다. 이렇게 해서 2002년 스페이스X가 탄생됐다.

일론 머스크는 즉각 저비용 로켓을 개발하고, 우주 탐사를 보다 쉽게 만들 구체적 작업에 들어갔다. 그리고 함께할 직원들을 찾아 나섰다. 머스크의 비전에 공감한 엔지니어들이 합류하기 시작했다. 2005년 말 160명에 불과하던 직원들의 숫자가 회사가 성장하면서 2024년 5월 기준 12,000명까지 불어났다.

이때 머스크가 최초로 영입한 주요 인물로는 톰 뮬러Tom Mueller가 있다. 그는 스페이스X의 창립 팀원으로 머스크에 의해 영입되어 팰컨 시리즈에 사용되는 Merlin 엔진과 팰컨9Falcon9의 Merlin 1D 엔진들을 개발하여 스페이스X의 성공에 기여했다. 뮬러는 재사용 가능한 로켓 엔진 개발에 대한 공로로 2017년에 NASA의 로버트 H. 고다드 우주 공학 메달을 수상했다. 이외에 스페이스X의 초기 참여자들로는 그윈 숏웰Gwynne Shotwell, 크리스 톰슨Chris

Thompson, 한스 쾨닉스만Hans Koenigsmann 등이 있다. 이들의 노력으로 항공우주 산업에 혁명을 일으키며 궤도 및 그 너머로 수많은 임무를 성공적으로 수행했다.

'스페이스X'의 위기 그리고 돌파

일론 머스크는 혁신적인 기업가이지만, 2008년 스페이스X는 파산 위기에 처했다. 팰컨1 로켓을 발사했지만, 세 번 연속 실패했다. 로켓은 발사대에 도착하기도 전에 엉망이 되었고, 발사를 해도 정상 궤도 오르기 전에 추락했다. 이로 인해 스페이스X는 자금난에 빠졌고 직원들 월급도 못 줄 정도였다. 그는 벼랑 끝으로 내몰리고 인생 최대의 위기를 맞았다. 페이팔을 통해 번 돈을 모두 투자했지만 모두 사라져 버렸다. 심지어 머스크가 일에만 매달리는 사이, 가족과 보내는 시간이 줄어들면서 아내와의 관계도 악화되고 결국 이혼까지 겪었다.

그해 9월, 일론 머스크의 또 다른 기업인 테슬라가 만들어낸 로드스터는 27대에 불과했다. 그리고 10월 말이 되자 언론에서는 테슬라의 은행 잔고가 500만 달러도 되지 않는다는 소문이 돌면서 위상이 추락했다. 테슬라의 공동 창업자였던 마크 타패닝도 회사를 떠나 버렸다. 많은 투자자들이 등을 돌리는 가운데 설상가상으로 2008년의 글로벌 금융위기까지 터졌다. 보통 사람이면 패닉이 올만도 한데 머스크는 다음과 같은 생각을 한다.

"실패하지 않으면 다음 단계로 나아갈 수 없다."

결국 머스크는 직접 테슬라의 CEO로 나서면서 "로드스타의 출하도, 예약금도 모두 내가 보증하는 한다"고 선언하기에 이른다. 그 무렵 머스크는 언론과의 인터뷰에서 우주로켓 회사인 스페이스X와 전기차 회사인 테슬라를 설립할 때 살아남을 확률을 각각 10퍼센트라고 언급했다. 그래서 그는 친구들에게 자기에게 투자하지 말라고 선언한다. 그는 무모한 사업을 시작한 것은 돈을 벌기 위해서가 아니라 자신이 해야만 하는 중요한 과제이기 때문이라고 말했다.

2008년 9월 28일, 역사적인 날이 다가왔다. 스페이스X의 네 번째 로켓 발사가 있는 날이었다. 이번에도 실패하면 그걸로 끝이다. 호의적인 투자자도 등을 돌릴 것이 뻔했다. 네 번째 발사가 있던 날, 그는 아침 일찍 아들들과 함께 디즈니랜드에 가서 시간을 보낸 후, 오후 네 시 발사 예정 시간이 다 돼서야 발사 현장 제어실에 들어섰다. 머스크는 긴장이 되어서 아들의 손을 꽉 잡았다.

스페이스X의 네 번째 로켓 팰컨1호는 힘차게 날아올라서 마침내 궤도 진입에 성공했다. 네 번째 발사에 성공하자 머스크는 "내 평생 가장 위대한 날!"이라고 외치며 "정말 소름 끼치게 짜릿했다"고 말했다. 이것은 처음 계획했던 것보다 무려 4년 반이나 더 걸린 미국, 러시아, 중국에 이어 네 번째 성공이었고, 민간기업으로서는 최초의 성공이었다.

네 번째 로켓 팰컨1호의 성공은 머스크의 끈기와 리더십 그리고 스페이스X 기술자들이 문제를 해결하기 시작한 집념 덕분이다.

팰컨1호가 발사해서 성공하는 데 든 비용은 상상을 초월할 정도로 작았다. 그들의 특출한 아이디어와 헌신적인 노력 덕분에 전문가들의 예상과는 달리 1억 달러 이상을 절약한 작은 돈으로 성공을 이루어냈던 것이다.

그리고 그 무렵 테슬라의 첫 작품 로드스터의 성공도 빼놓을 수 없다. 가장 어려운 시기에 로드스타는 미국 내에서만 1,200대의 판매를 성공하는데 포르쉐보다 빠른 전기 자동차이며 이산화탄소 배출 제로인 차를 만들어낸다. 이후로는 일론 머스크의 회사 테슬라, 스페이스X는 두 개 모두 승승장구의 길을 걷고 있다.

'스타십' 개발 프로젝트

'스타십Starship' 개발 프로젝트는 2012년에 시작된 스페이스X의 야심찬 계획으로, 인간이 화성에 이주하는 것을 목표로 하고 있다. 이 프로젝트는 처음에는 '마스 콜로니얼 트랜스포터Mars Colonial Transporter'라는 이름으로 시작되었으며, 그 후 2016년에 '인터플래터너리 트랜스포트 시스템Interplanetary Transport System, ITS'으로 이름이 변경되었고, 이후 '스타십'으로 재명명되었다.

팰컨1호의 발사 성공을 시작으로 스페이스X는 우주 택배 사업을 승인받아 한 달에 한 번꼴로 꾸준히 로켓을 발사하며, 기업이나 국가로부터 위탁받은 위성을 운반하거나 국제우주정거장에 화물을 전달하고 있다. 스페이스X는 국제우주정거장의 우주선을 보낸 첫 번째 민간기업이 되었고, 언제 망하느냐가 문제라며 조롱을 받던 스페이스X의 위상도 확연히 달라지기 시작했다.

2008년 12월 말, 스페이스X는 NASA로부터 상업용 재보급 서비스CRS 계약을 수주했다. 16억 달러 규모의 이 계약에는 팰컨9 로켓과 드래건 우주선으로 국제우주정거장ISS에 최소 12회의 화물 재보급 임무를 수행하는 내용이 포함되었다. 이 계약은 스페이스X에게 큰 성공이었으며, NASA와의 길고 유익한 관계의 시작을 알렸다. 이 계약으로 스페이스X는 재정적 기반을 확보하고 팰컨 헤비 및 스타십 개발, 화성 유인 탐사 등 우주여행의 혁신을 위한 야심 찬 계획을 지속하는 데 도움이 되었다.

2023년 1월 16일, 스페이스X는 미국 우주군 위성 발사에도 성공하면서 우주 탐사 기업으로서의 명성을 공고히 했다. 이날 스페이스X는 플로리다주 케네디 우주센터에서 우주군의 CBAS-2 통신위성과 다른 탑재체를 실은 팰컨 헤비 로켓을 쏘아 올렸다. 이 발사는 군 당국과 스페이스X 사이에 계약한 기밀 임무의 수행으로 우주군 기밀 임무 USSF-67로 명명되었다. 우주군에 따르면 CBAS-2 위성은 고위급 인사와 전투 지휘관의 통신 연결을 지원하는 역할을 한다.

스페이스X는 이번에 팰컨 헤비를 발사한 뒤 센터 부스터를 제외한 2개의 사이드 부스터가 지상에 다시 착륙하는 데 성공했다고 확인했다.

재사용 로켓 개발이라는 신기원

머스크는 재사용 로켓 개발이라는 누구도 상상하지 못한 아이디어를 현실로 만들어낸 장본인이다. 지금까지 수많은 로켓들은 발사된 후 발사체는 바다에 떨어져 쓰레기가 되는 게 전부였다. 아주 비싼 1회용이었던 셈이다. 머스크는 1회용 우주 발사체를 다시 회수해 재활용해 보겠다는 생각을 하기 시작했다. 처음에는 많은 전문가들이 머스크가 공상과학 소설을 너무 많이 본 때문이라고 비웃었다.

하지만 머스크는 직접 엔지니어로 참여하면서 이를 현실화시켰다. 머스크는 로켓을 직접 디자인하고 제작하기 위해서 로켓 공학과 관련된 기술들을 독학으로 습득했다. 그렇게 끊임없이 학습하고 도전했다. 그는 대량의 항공우주공학 서적을 읽으며 로켓과 우주 비행에 대한 깊은 이해를 갖추려 노력했다. 또한, 수많은 전문가들과 수없이 많은 회의를 가지며 지식을 축적했다. 그렇게 스페이스X의 CEO이자 수석 디자이너가 되어서 로켓 개발에 직접 뛰어들었다.

하지만 우주발사체를 회수하는 것은 말처럼 쉽지 않아 계속 실패를 거듭했다. 그러다 2015년 12월에 팰컨9 로켓을 발사한 후, 다시 추진 로켓을 지상에 착륙시켜 회수하는 데 성공하게 된다. 스페이스X의 재사용 로켓은 우주여행의 비용을 크게 줄일 수 있는 기술이다. 기존의 로켓은 한 번 발사할 때마다 많은 비용이 들었지만 재사용 로켓은 발사 후 착륙할 수 있고, 발사 비용을 크게 줄일 수 있기에 우주여행의 신기원을 열었다.

스페이스X의 재사용 로켓은 '팰컨9Falcon9'와 '팰컨 헤비Falcon Heavy'다. 팰컨9 모델은 로켓의 1단을 여러 번 재사용할 수 있도록 설계되었으며, 팰컨 헤비는 팰컨9 로켓 3기를 결합하여 만든 로켓으로 세계에서 가장 강력한 로켓 중 하나다.

팰컨9 로켓은 처음으로 재사용에 성공한 후 현재까지 100회 이상의 발사에 성공했다. 팰컨 로켓의 이름은 판타지 소설인 '밀레니엄 팰컨Millennium Falcon'에서 착안된 것으로 알려져 있다. 이 소설은 '스타 워즈Star Wars' 시리즈에서 매우 중요한 역할을 하는 우주선의 이름이 되었다. 머스크가 팰컨이란 이름을 붙인 것은 그가 '스타워즈'팬이기 때문인 것으로 알려져 있다.

스페이스X는 팰컨9의 발사 성공 이후 세계적 항공기업으로 우뚝 서게 된다. 로켓을 재활용한 덕분에 발사 비용을 대폭 줄일 수 있게 되면서 가격 경쟁력에서 보잉이나 록히드 등 경쟁사를 압도하게 된 것이다. 스페이스X는 우주 탐사에 관한 혁신적인 기술을 개발했다. 여기에는 재사용 가능한 로켓과 화물과 승무원을 국제 우주 정거장으로 수송할 수 있는 드래건 우주선이 포함된다.

목표 설정

머스크는 2002년 스페이스X를 설립하면서 재사용 로켓을 개발하겠다는 목표를 세웠다. 머스크가 재사용 가능한 로켓을 성공적으로 개발하기 위한 첫 번째 단계는, 보다 저렴하고 지속 가능한 우주여행 모델에 대한 비전을 수립하는 것이었다.

그는 우주여행 비용을 절감하고 '다행성 생활'을 실현한다는 목표를 가지고 스페이스X를 설립했지만, 우주 로켓에 대한 막대한 비용을 우주 탐사와 다른 행성에서의 인류 정착에 큰 걸림돌로 인식했다. 그의 비전은 단순히 우주에 도달할 수 있는 더 저렴한 방법을 만드는 것뿐만 아니라 인류의 장기적인 생존을 위해 중요하다고 믿었던 다행성 생활을 가능하게 하는 것이었다.

일론 머스크는 자신의 비전에 대해 매우 개방적이고 명확하다. 그는 공개 인터뷰, 연설, 소셜 미디어를 통해 자신의 비전을 정기적으로 표현했다. 이를 통해 대중, 잠재적 투자자, 직원들의 지지를 모았다. 머스크는 이렇게 비전을 설정한 후 이를 실현하기 위한 전략적 계획을 세웠다. 여기에는 스페이스X에 세계적 수준의 팀을 구성하고, 연구 개발에 투자하고, 프로토타입을 설계 및 테스트하고, 매번 발사할 때마다 끊임없이 학습하고 반복하는 것이 포함되었다.

머스크는 이러한 비전을 실현하는 과정에서 수많은 장애물과 실패에 직면했다. 이러한 좌절에도 불구하고 그는 비전에 대한 열정을 잃지 않았고, 실패로부터 배운 교훈을 바탕으로 전략과 기술을 계속 개선해 나갔다. 결국 재사용 가능한 로켓에 대한 머스크의 비전은 우주 기술의 획기적인 발전으로 이어졌다. 스페이스X의 팰컨9 및 팰컨 헤비 로켓과 스타십 우주선은 탑재체를 궤도에 올려놓은 후 지구로 귀환하도록 설계되어 수리 및 재비행이 가능하다. 이러한 혁신은 머스크의 비전에 한 걸음 더 다가갈 수 있게 했다.

기술 개발

일론 머스크가 이끄는 스페이스X는 항공우주공학 분야에서 중요한 이정표를 세웠으며, 여러 방면에서 항공우주 업계에 혁명을 일으켰다. 머스크는 준비된 CEO였을 뿐만 아니라 준비된 엔지니어였다. 어린 시절부터 공상과학 소설에 빠졌던 그는 대학에서 물리학을 전공했고, 우주선 개발을 위한 독학자였던 그는 항공우주공학에 대한 소프트웨어 공부도 마쳤다. 그는 재사용 로켓을 개발하기 위해 엔지니어들과 함께 기술 개발에 매진했다. 그들은 재사용 로켓의 발사, 착륙, 재충전, 재발사 등 다양한 기술을 개발했다.

머스크는 자신의 기술 지식과 전문성을 유능한 스페이스X 엔지니어링 팀의 기술 지식과 결합하여 새로운 기술을 혁신하고 창조했다. 그들은 우주에 도달할 수 있을 뿐만 아니라 온전하게 돌아올 수 있는 로켓을 설계하고 제작해야 했다. 이는 내열성, 정밀 착륙, 재사용을 위한 개조 등 수많은 기술적 과제를 극복해야 한다는 것을 의미했다. 머스크의 이러한 리더십은 기술 환경에 대한 이해와 혁신적인 솔루션에 대한 헌신과 결합되어 로켓 기술에서 몇 가지 주요한 발전을 이룰 수 있었다.

스페이스X 엔지니어링 팀은 우선 내열성 문제를 해결했다. 재사용 가능한 로켓 개발의 주요 과제 중 하나는 대기권 재진입 시 발생하는 강렬한 열을 관리하는 것이다. 스페이스X의 팰컨9와 팰컨 헤비 로켓은 스페이스X가 NASA와 협력하여 개발한 PICA-X페놀 함침 탄소 차단제라는 소재로 만든 특수 열 차폐막을 사용했다. 이 보호막은 최대 화씨 3,000도의 온도를 견딜 수 있어 재진입시 로켓이 파괴되는 것을 방지한다.

다음은 정밀 착륙 문제를 해결하는 과제였다. 스페이스X는 로켓이 지정된 착륙 패드에 정확하게 착륙할 수 있는 기술을 개발하였으며, 종종 자율 드론 선박을 타고 바다에 착륙하기도 한다. 이 기능은 첨단 내비게이션 및 안내 시스템, 자율 비행 제어 알고리즘, 첨단 센서 기술이 결합된 결과이며, 로켓이 하강할 때 실시간으로 경로를 수정할 수 있다.

마지막 과제는 재사용을 위한 리퍼비시 해결이었다. 착륙 후 재사용을 위해 신속하고 효율적으로 개조할 수 있는 로켓을 개발하는 것이 스페이스X의 또 다른 과제였다. 전통적인 우주 비행에서 로켓은 한 번만 사용되기 때문에 우주여행 비용이 매우 비싸다. 머스크와 그의 팀은 이를 바꾸기로 결심했다. 그들의 노력은 세계 최초의 궤도급 재사용 로켓인 팰컨9 로켓에서 절정에 달했다. 이는 우주여행 비용을 절감하기 위한 회사의 노력에 중요한 이정표가 되었다. 결론적으로 엔지니어 팀을 구성하고 이끄는 능력, 기술 전문성, 기업가 정신, 위험을 감수하려는 의지가 결합된 머스크의 리더십이 우주 기술의 괄목할 만한 발전을 가져온 것이다.

무한 실험

머스크는 기술 개발을 완료한 후, 로켓을 발사하고 착륙하는 실험을 진행했다. 여러 차례의 실패를 거쳤지만 결국 2012년 최초로 로켓을 발사하고 착륙하는 데 성공했다.

그래스 호퍼Grass hopper와 팰컨9 시험 비행과 같은 스페이스X의 초기 로켓 착륙 시도가 항상 성공하는 것은 아니었다. 오히려 수많은 시도와 실패로 점철되어 있다. 예컨대 그래스 호퍼 프로그램은 사실상 수직 이착륙VTOL 기술을 실험하고 개발하기 위한 것이었다. 이는 로켓을 발사한 후에 다시 안전하게 착륙시키는 기술이다. 신속하고 효율적인 우주여행을 가능하게 할 수 있는 매우 중요한 기술이었다.

그러나 이러한 기술 개발은 단순하지 않았다. 그래스호퍼 및 팰컨9 등의 테스트 비행에서는 수많은 실패가 발생했다. 이러한 실패는 폭발적인 사고를 포함하며, 대중의 많은 비판을 받았다. 하지만 머스크와 스페이스X는 혁신과 엔지니어링에 대한 이러한 '테스트, 실패, 학습, 반복' 접근 방식에 대해 매우 투명하게 공개해 왔다. 이 과정은 많은 과학 및 엔지니어링 분야에서 흔히 볼 수 있는 과정이라는 점을 이해하는 것이 중요하다. 목표는 엔지니어와 디자이너가 각 실패에서 최대한 많은 것을 배울 수 있는 시스템을 만든 후, 그 지식을 사용하여 향후 설계 및 운영을 개선하는 것이다.

'테스트' 단계에는 새로운 디자인을 만들거나 새로운 실험을 수행하고 결과를 관찰하는 것이 포함된다. '실패'는 모든 실험이나 테스트가 성공하는 것은 아니며 실제로 실패하는 경우도 많다는 것을 인정한다. 그러나 이러한 실패는 부정적인 결과가 아니라 오히려 배울 수 있는 기회로 간주한다.

'학습' 단계에서는 테스트 결과, 특히 실패한 경우 무엇이 잘못되었고 왜 실패했는지 이해하기 위해 테스트 결과를 연구한다. 엔지니어는 테스트에서 가능한 모든 것을 배우기 위해 상세한 사후 분석을 수행한다. 마지막으로 '반복' 단계에서는 '학습' 단계에서 얻은 교훈을 다음 설계 또는 실험에 적용하여 동일한 실수를 피하고 개선하는 것을 목표로 한다.

스페이스X의 수많은 초기 착륙 실패는 이 과정의 좋은 예이다. 그들은 로켓 착륙을 여러 번 시도했고, 실패할 때마다 성공적인 착륙을 위해 무엇이 필요한지 더 많이 배웠다. 실패를 통해 지속적으로 학습하고 점진적으로 개선함으로써 결국 로켓의 착륙과 재사용이라는 전례 없는 업적을 달성할 수 있었다.

이러한 철학은 스페이스X뿐만 아니라 머스크의 많은 벤처 기업에도 적용되고 있다. 이는 실패를 발전의 필수적인 부분으로 여기고 야심찬 목표를 추구하기 위해 위험을 감수하려는 의지가 반영된 접근 방식이다. 머스크의 철학은 각 실패에서 교훈을 얻고 설계를 반복하여 후속 모델마다 개선하는 것이다.

상업화 성공

2015년 12월 21일, 드디어 머스크의 노력은 결실을 맺었다. 스페이스X는 플로리다 케이프 커내버럴의 착륙장에 팰컨9의 1단 로켓을 다시 착륙시키며 역사를 새로 썼다. 이는 궤도 로켓의 1단 착륙에 성공한 최초의 사례로, 우주여행을 보다 지속 가능하고 비용 효율적으로 만드는 데 중요한 이정표가 되었다. 재사용 로켓의 성공은 우주에 대한 접근성을 높이고 궁극적으로 화성을 식민지화하려는 스페이스X의 목표를 달성하는 데 중요한 진전이었다.

첫 번째 착륙 성공 이후 스페이스X는 착륙 일관성과 재사용성 모두에 초점을 맞춰 프로세스를 지속적으로 개선했다. 여러 차례 로켓을 발사하고 착륙하는 데 성공하여 로켓이 착륙할 수 있을 뿐만 아니라 다시 발사할 수 있다는 것을 증명했다. 2020년대에 들어와서는 다양한 발사체를 통해 상업적, 정부 및 민간 고객을 위한 다양한 임무를 수행하고 있다. 2021년부터 평균적으로 매주 한 번의 발사를 성공적으로 진행하며, 놀라운 성과를 보여주고 있다.

팰컨 헤비 로켓 시리즈의 성공

스페이스X는 '팰컨 헤비Falcon Heavy' 로켓 시리즈의 성공으로 또 다른 신기원을 열었다. 머스크는 직접 엔지니어로 참여하면서 이 사업을 진두지휘했고 성공을 이끌어냈다. 팰컨 헤비는 스페이스X에서 설계 및 제조한 부분 재사용이 가능한 대형 리프트 발사체이다. 팰컨 헤비는 2018년 2월 6일에 처음 발사되었으며, 성공적으로 발사되었다. 팰컨 헤비의 성공은 스페이스X를 세계적인 우주 발사체 제조업체로 자리매김했다.

스페이스X의 팰컨 헤비 로켓 시리즈는 세계에서 가장 강력한 로켓 중 하나다. 이 로켓은 세 개의 팰컨9 로켓 부스터를 결합한 형태로, 지구 중력을 벗어나는 데 필요한 큰 힘을 가지고 있다. 이를 통해 팰컨 헤비는 중량 화물을 지구 저궤도로 보낼 수 있고, 심지어는 화성이나 원시 대기를 가진 행성까지도 화물을 운송할 수 있다. 이는 스페이스X의 중요한 목표 중 하나인 화성에 인류의 정착을 가능하게 하는 길을 열어주었다. 일론 머스크는 스페이스X를 창설하면서 이러한 목표를 명확하게 했고, 그는 이를 위해 직접 엔지니어링 작업에 참여하며 자사의 여러 프로젝트를 지휘했다.

팰컨 헤비는 스페이스X의 팰컨9 발사체를 변형한 것으로, 인간을 우주로, 잠재적으로는 달과 화성, 그 너머로 운반하기 위해 설계되었다. 개발 과정은 2005년경 일론 머스크가 처음 발표하면서 시작되었다. 일련의 지연과 기술적 난관 끝에 2018년 2월, 팰컨 헤비는 시험 비행에 성공했다.

팰컨 헤비는 기본적으로 세 개의 팰컨9 로켓을 하나로 묶은 형태다. 중앙 코어에 부착된 두 개의 팰컨9 1단 부스터로 구성되며, 이 부스터 자체는 강화된 팰컨9 부스터다. 각 팰컨9는 9개의 멀린 엔진으로 구성되므로, 이륙 시 함께 작동하는 총 27개의 엔진이 팰컨 헤비에 탑재된다. 팰컨 헤비는 현재 세계에서 가장 강력한 작동 로켓으로, 약 64.8톤을 궤도로 들어 올릴 수 있는 능력을 갖추고 있다. 이러한 중량급 인양 능력은 더 무거운 위성, 대형 과학 로봇 임무, 궁극적으로는 지구-달 시스템을 넘어선 인간 탐사 등 화물 및 임무 유형에 대한 새로운 가능성을 열어준다.

팰컨 헤비의 또 다른 주요 특징 중 하나는 팰컨9와 마찬가지로 재사용성이다. 팰컨 헤비는 총 세 개의 1단 부스터로 구성되어 있으며, 이 부스터들은 발사 후 다시 지구로 돌아와 착륙하여 재사용될 수 있다. 측면 부스터와 중앙 코어는 모두 궤도에 탑재물을 전달한 후 지구로 돌아와 발사장이나 바다에 있는 드론 선박에 수직으로 착륙하도록 설계되었다. 이러한 혁신은 우주여행 비용을 획기적으로 줄여주며, 다행성 생활을 위한 스페이스X의 장기 계획에서 매우 중요한 부분이다.

팰컨 헤비의 처녀비행은 일론 머스크의 테슬라 로드스터를 더미 페이로드에 실어 태양 주위의 궤도로 보냈다. 이후 상업용 위성 발사, 미군 탑재체, NASA의 계획된 임무 등 다양한 임무를 수행했다. 이처럼 무거운 탑재물을 궤도로 운반할 수 있는 팰컨 헤비의 능력과 재사용이 가능한 특성 덕분에 다양한 임무에 매력적인 옵션이 되었다. 그 결과 스페이스X는 글로벌 우주 산업에서 중요한 플레이어로 자리매김할 수 있었다. 앞으로 팰컨 헤비는 인간의 화성 탐사 및 정착을 위한 스페이스X의 야심찬 계획에서 핵심적인 역할을 할 수 있을 것이다.

현재도 스페이스X는 별도의 유인 우주 비행 시스템인 크루 드래건Crew Dragon을 개발하여 국제우주정거장ISS으로 승무원을 운송하고 있다. 크루 드래건은 최대 7명의 승무원을 수용할 수 있도록 설계되었다. 스페이스X는 팰컨 헤비 로켓과 크루 드래건을 통해 달과 화성으로의 우주여행을 대중화하고, 우주 개발을 가속화함으로써 인류가 우주를 더 많이 탐험할 수 있도록 할 것이다.

스페이스X의 새로운 프로젝트인 '스타링크'

전쟁의 판도를 바꾼 '스타링크'

2022년 2월 22일, 러시아 우크라이나 전쟁이 일어났을 때 군사 전문가들조차 우크라이나군이 3일 내지 일주일이면 무너질 것이라 내다봤다. 그런데 세계 2위의 군사 대국 러시아는 예상과 달리 우크라이나를 압도하지 못했다. 압도하기는커녕 고전을 면치 못하고 있다. 그 이유는 무엇이었을까? 우크라이나 군에 가장 큰 도움을 준 것은 스페이스X의 새로운 프로젝트인 '스타링크Starlink'였다.

미하일로 페도로프 우크라이나 부총리 겸 디지털 혁신부 장관은 전쟁 발발 이틀 후인 2월 26일 누군가에게 트윗을 보냈다.

"당신은 화성을 식민지화하려는 반면 러시아는 우크라이나를 식민지로 만들려 하고 있다. 당신의 로켓은 우주에서 성공적으로 내려앉지만 러시아 로켓은 우크라이나 민간인을 공격하고 있다. 우크라이나에 스타링크를 제공해 달라."

여기서 당신이라 불린 사람은 일론 머스크다. 그는 10시간 만에

"스타링크 서비스는 지금 우크라이나에서 작동하고 있다. 더 많은 서비스가 지원될 것이다"라며 서비스 시작을 알리는 답을 보냈다. 동시에 머스크는 약 2만 세트의 위성 인터넷용 안테나와 수신기를 우크라이나로 보냈다.

스페이스X의 위성인터넷 '스타링크' 서비스가 시작되자 러시아군이 파괴한 인터넷 서비스와 휴대전화 통신망이 살아났다. 초고속 우주 인터넷 시대를 활용한 그야말로 러시아는 생각도 못 했던 복병이 나타난 것이다. 스타링크의 위성 인터넷 서비스는 우크라이나 군대와 정부가 러시아의 통신 방해에도 불구하고 효과적으로 작전을 수행할 수 있도록 지원했다. 스타링크는 우크라이나군에 강력한 야전 통신망을 제공하여 우크라이나군이 놀라운 선전을 벌이도록 만들어 주었다.

이때부터 우크라이나군은 날개를 달았다. 우크라이나에는 드론 특수부대가 있다. 이 부대는 원래 군부대가 아니고 민간의 동호회였는데, 2014년 러시아가 돈바스 지역을 침공했을 때 우크라이나 정부군을 돕다가 우크라이나군에 편입된 최고 기밀 부대이다. 이 부대가 '스타링크' 서비스를 활용해서 러시아군을 상대로 본격적인 드론 전쟁을 벌여나갔다. 그들이 날리는 사제 드론에는 60만 원짜리 폭탄 두 개가 장착되어 있는데 그 폭탄이 러시아 탱크에 명중하자 45억짜리 최신 T-90 러시아제 전차가 파괴되고 만다. 이 동영상이 전 세계로 퍼 져나가자 많은 세계인이 놀랐고 환호했다.

이처럼 러시아 우크라이나 전쟁은 전쟁 패러다임의 변화를 말해 준다. 단언컨대 이 전쟁은 디지털 시대의 새로운 전쟁의 모습을 보여준 첫 번째 전쟁이다. 우크라이나군은 "스타링크는 우리의 산소"라고 불렀는데 그야말로 우크라이나를 위한 '신의 한 수'였고 일종의 우크라이나의 구원자 역할을 한 것이었다. 러우전쟁의 전세를 뒤집은 일론 머스크는 러우전쟁의 숨은 영웅이 되었다.

이제 전쟁의 판도는 바뀌었다. 미사일보다는 안테나가 먼저 제공되었고, 인터넷이 러시아의 전차군단을 괴멸시켰다. 빅테크 기업들이 들어와서 전쟁의 양상을 바꾸어 버렸다. 이번 전쟁의 양상은 군대보다 기업인이 먼저 참전을 한 전쟁으로 기록될 것이다. 역사에 러시아 우크라이나 전쟁은 최초의 미래 전쟁이라 기록될 것이다.

스타링크 위성이 지구를 뒤덮는다

스타링크는 스페이스X에서 진행 중인 위성 인터넷 프로젝트다. 이 프로젝트의 목표는 저궤도 위성 네트워크를 통해 전 세계 어디에서나 저렴한 가격으로 고속 인터넷 서비스를 제공하는 것이다. 이것은 특히 원격 지역에서 인터넷에 접근하는 데 어려움을 겪는 사람들에게 혜택을 줄 수 있다. 스타링크의 위성은 스페이스X의 재사용 로켓인 팰컨9 로켓을 사용해 발사되며, 한 번의 발사로 수십 개의 위성을 궤도에 올릴 수 있다. 스타링크는 많은 수의 소형 통신 위성을 궤도에 배치하여 전 세계에 고속 인터넷을 제공하는 방식을 사용한다.

스타링크는 2018년부터 위성 발사를 시작했으며, 2024년 6월 기준으로 스타링크는 4,198개의 위성을 발사했고, 총 78회의 발사 횟수를 기록하고 있다. 지구를 도는 전체 인공위성 중에 스타링크의 위성이 차지하는 비중이 거의 50%가 넘는다고 한다. 스타링크는 추가로 3만 개의 위성을 발사할 수 있도록 허가를 요청했고, 총 4만 2000개의 위성을 계획하고 있다.

이 위성은 지구를 도는 저궤도에 배치되며, 고도 약 550km에 위치하게 된다. 이는 전통적인 통신 위성이 위치하는 지구 정지궤도보다 훨씬 낮은 곳이다. 이러한 배치 방식은 신호의 지연 시간을 줄이고, 데이터 전송 속도를 향상시키는 데 도움이 된다. 스타링크는 전 세계적으로는 약 50개국의 서비스를 제공하고 있고 누적 가입자 수는 100만 명을 돌파했다.

스타링크는 기존의 위성 인터넷 서비스보다 저렴하고 빠른 인터넷을 제공하고 기존의 위성 인터넷 서비스가 미치지 못하는 지역에도 인터넷을 제공할 수 있을 것으로 기대된다. 스타링크는 전 세계에 고속 인터넷을 제공함으로써 교육, 의료, 비즈니스 등 다양한 분야에 혁신을 가져올 것이다.

스타링크 위성이 지구를 뒤덮는다는 것은 이 위성들이 광범위한 지역을 커버하며, 전 세계 어디에서나 인터넷 서비스를 제공할 수 있다는 것을 의미한다. 스타링크의 위성 인터넷 서비스는 전 세계의 외딴 지역과 인터넷 접근성이 떨어지는 지역에 고속 인터넷을 제공하여 큰 시장 잠재력을 가지고 있다.

그러나 이러한 광범위한 위성 배치는 또한 몇 가지 문제를 야기할 수 있다. 천문학자들은 스타링크 위성들이 밤하늘의 관측을 방해하고, 위성 간 충돌의 위험을 증가시킬 수 있다는 우려를 나타내고 있다. 스페이스X는 이 문제들에 대해 인지하고 위성의 가시성을 줄이고 충돌 위험을 관리하기 위한 여러 방법을 개발하고 있다.

14세 천재 소년 '카이란 쿼지'를 찜한 일론 머스크

2023년 6월, 스페이스X는 14세 천재 소년으로 알려진 '카이란 쿼지Kairan Quaz'를 채용한 것으로 알려져 실리콘 밸리가 떠들썩했고 세계적으로 화제가 되었다. 쿼지는 2008년생으로 미국의 천재 소년이다. 그는 10살 때부터 프로그래밍을 시작했고, 11세 때 세계 천문 올림피아드에서 금메달을 수상하고, 12살 때에는 인공지능을 이용해 암세포를 찾아내는 알고리즘을 개발하고, 인공지능과 양자 컴퓨팅에 관한 논문을 발표하기도 했다. 쿼지는 어렸을 때부터 자신의 지성이 동료들과 차별화된다는 것을 알고 있었고 대학에 진학하기 전에 학교에서 성적을 건너뛰기 시작했다.

샌프란시스코 지역 방송국에 따르면 카이란 쿼지는 두 살 때부터 완벽한 문장으로 이야기하기 시작했다고 한다. 일찍부터 언어능력이 남달랐다는 것이다. 로스앤젤레스 타임스는 쿼지가 유치원 때부터 시사 라디오 방송을 듣고 있다가 선생님과 주위 친구들에게 이야기를 해줬다고 전하기도 했다. 쿼지는 3학년 때 지능 테스트에서 상위 0.01 %에 속한다는 놀라운 평가를 받았다.

카이란 쿼지는 미국 캘리포니아 산타클라라 대학교 172년 역사상 최연소 졸업생이 되었다. 그런데 이 소년이 일론 머스크가 이끄는 우주 기업인 스페이스X에 엔지니어로 입사하면서 유명세는 두 배가 되었다. 스페이스X와 카이란 쿼지 모두에게 행복한 시간인 것 같다. 카이란 쿼지는 샌프란시스코 베이에리어 출신으로 부모님은 교사와 소아과 의사인 것으로 알려져 있다.

천재는 천재를 알아보는 법인가 보다. 머스크는 스페이스X에 입사한 쿼지를 “우리 회사의 미래를 이끌어갈 천재”라며 극찬했다. 머스크가 ‘찜’한 천재소년은 스페이스X의 스타링크 부서에서 소프트웨어 엔지니어로 근무하기 시작했다. 쿼지의 뛰어난 기술력과 열정은 스페이스X의 스타링크 프로젝트에 큰 도움이 될 것으로 기대된다. 쿼지의 입사는 스페이스X가 우주 탐사와 개발에 대한 투자를 확대하고 있다는 것을 보여주는 것으로, 쿼지가 스타링크 프로젝트에 기여할 것으로 주목하고 있다.

| 일론 머스크의 미래 답안지 |

민간 우주여행

스페이스X는 민간 우주여행 분야에서 진전을 이루고 있다. 2021년, 스페이스X는 최초의 민간인 승무원 우주 비행인 '인스퍼레이션4Inspiration4' 임무를 시작했다. 이 임무는 스페이스X의 크루 드래건 우주선으로 4명의 민간인이 우주로 가는 것이었는데, 대단히 성공적이었으며 개인 우주여행이 가능하고 저렴하다는 것을 보여주었다.

이 미션은 자렛 아이작만Jared Isaacman이 기획하고 주도한 민간인 우주여행으로, 목표는 우주여행의 가능성을 대중에게 보여주는 것이었다. 자렛 아이작만은 Shift4 Payments의 CEO이자 창업자이며, 그 외에도 해군 병사인 헤일리 아르센호Hayley Arceneaux, 극지 지질학자이자 지구 과학자인 크리스토퍼 사반디스Chris Sembroski 그리고 여행 기획자인 시안 프로키터Sian Proctor가 참여했다.

이 미션은 역사적인 순간으로, 민간인들에게 우주여행의 기회를 제공하고 미래의 우주여행에 대한 대중의 흥미를 끌어올리는 데 큰 영향을 주었다. 이후 스페이스X는 더 많은 민간인 승무원을 포함한 우주여행 미션을 계획하고 진행하고 있다.

2022년 4월, 스페이스X는 국제우주정거장ISS으로 향하는 첫 번째 민간 우주선 Axiom-1을 발사했다. 이 여행에 탑승한 승무원은 전 NASA 우주비행사인 마이클 로페즈 알레그리아와 유료 고객 3명으로 구성되었다. 유료 고객은 이스라엘 사업가 에런 스테파노비치, 캐나다 사업가 데이비드 맥케이,

투자자 래리 코언이었다. Axiom-1은 4월 11일 ISS에 도착했으며, 승무원들은 10일 동안 ISS에 머물렀다. 그들은 ISS에서 과학 실험을 수행하고, 우주 걷기와 기타 활동을 했다.

이러한 실험에는 미세 중력이 인체에 미치는 영향에 대한 연구와 식물 성장 및 재료 과학에 대한 실험이 포함되었다. 또한 승무원들은 인터뷰를 하고 교육 행사를 주최하는 등 봉사 활동에도 시간을 보냈다. 축구장 크기의 우주 정거장에 이미 탑승한 전문 우주 비행사들과 함께 빵을 나누고, ISS 아래를 스쳐 지나가는 지구의 전경을 감상했다. Axiom-1은 4월 20일 ISS를 떠났으며, 4월 25일 지구로 귀환했다. Axiom-1의 성공은 민간 기업이 ISS에 우주 비행사를 보내는 시대의 개막을 알렸다.

또한 2023년 3월 2일, 우주비행사 네 명을 태운 스페이스X의 크루 드래건 캡슐은 팰컨9 로켓에 탑재돼 미국 플로리다주 케이프커내버럴의 케네디 우주센터에서 성공적으로 발사됐다. 발사 후 약 9분 뒤 크루 드래건이 목표 궤도에 진입했다. 이 크루 드래건 캡슐에는 NASA의 스티븐 보웬, 워렌 호버그, 러시아의 안톤 안드레이 페드야예프,, 아랍에미리트UAE의 술탄 알 네야디 등 4명의 우주비행사가 탑승했다. 크루 드래건 캡슐은 다음날 국제우주정거장ISS과 도킹에 성공했다. 4명의 우주 비행사는 6개월 동안 ISS에서 연구와 실험을 수행했다.

미 해군 잠수함 장교 출신이며 우주비행사 지휘관인 NASA 소속 스티븐 보웬은 우주 왕복선에 3차례 탑승하고, 7차례에 걸쳐 우주를 유영한 베테랑이다. 그는 "우리는 궤도를 도는 훌륭한 여정에 감사한다"는 메시지를 보내왔다. 그리고 UAE의 우주비행사 술탄 알 네야디는 UAE에서 우주비행을 하는 두 번째 인물이자 장기 임무에 투입되는 첫 번째 우주비행사라는 기록을 세우게 됐다.

스페이스X는 이미 더 많은 민간 우주 임무를 계획하고 있으며, 궁극적으로 인간을 화성으로 데려갈 수 있는 새로운 로켓 개발에도 힘쓰고 있다. 현재 민간 우주여행은 초기 단계에 있지만, 우주여행 방식에 혁명을 일으킬 잠재력을 가지고 있다.

또한 스페이스X는 인간을 화성에 보내는 프로젝트도 진행하고 있다. 이 회사는 재사용이 가능하고 인간을 화성에 태울 수 있도록 설계된 스타십 Starship이라는 새로운 로켓을 개발하고 있다. 스타십은 완전 재사용이 가능한 우주선으로 지구 저궤도, 달, 화성까지 다양한 목적지에 다중 임무를 수행할 수 있다. 스타십은 최대 100명까지 탑승할 수 있는 대형 우주선으로, 우주여행의 대중화를 실현할 핵심 기술이다. 스타십은 아직 개발 중이지만 스페이스X는 2030년대에 화성으로 사람을 태우고 갈 수 있을 것으로 확신하고 있다.

스페이스X의 민간 우주여행은 우리가 우주로 여행하는 방식을 혁신할 수 있는 잠재력을 가지고 있다. 더 저렴하고, 더 효율적이며, 더 유연하고, 더 접근하기 쉽게 만들 수 있다. 또한 민간 우주여행은 단순한 관광을 넘어 과학 연구와 교육의 기회로 활용될 것이다. 장기적으로 스페이스X는 화성 식민지 개척을 목표로 하고 있으며, 민간 우주여행은 이를 위한 중요한 단계가 될 것이다. 인류가 지구를 넘어 다른 행성에서도 살아갈 수 있는, 새로운 우주 탐사 시대로 이어질 수 있는 것이다.

Chepter 5

테슬라를 통한 자동차 산업의 혁신

2006년 8월 2일, 일론 머스크는 테슬라 블로그에 글을 하나 올렸다.

"스포츠카를 만든다. 스포츠카의 수익으로 저렴한 자동차를 만든다. 그 수익으로 보다 저렴한 가격의 자동차를 만든다. 이렇게 차를 제작함과 동시에 배기가스 제로 옵션도 제공한다."

우리가 알고 있는 테슬라와 일론 머스크의 성공신화의 시작이자 핵심이 된 이 글은 '톱시크릿 마스터플랜'이라는 제목을 달고 있었다. 그리고 모두가 실패를 확신했던 전기 자동차는 테슬라와 일론 머스크에 의해 자동차 산업의 미래가 되었다.

테슬라의 전기 자동차 개발 역사

2003년 : 테슬라 설립

2008년 : 로드스터 출시

2012년 : Model S 출시

2015년 : Model X 출시

2017년 : Model 3 출시

2017년 : 테슬라 세미

2019년 : 사이버 트럭

2020년 : Model Y 출시

2021년: 테슬라의 완전 자율주행(FSD) 베타 버전 출시

2022년: 기가 베를린과 기가 텍사스 공장 가동

2023년: 테슬라 Model S 플래드 출시

2024년 말 예정: 테슬라 로드스터 2세대 출시

테슬라의 설립과 전기 자동차 개발의 어려움

테슬라의 시작

많은 사람들이 테슬라를 일론 머스크가 창업한 것으로 알고 있지만 사실은 다르다. 테슬라 모터스는 2003년 마틴 에버하드Martin Eberhard와 마크 타페닝Marc Tarpenning에 의해 설립되었다. 설립자들은 전기 모터가 더 효율적이고 재생 에너지로 구동할 수 있기 때문에 전기 자동차EV가 가솔린 자동차를 대체할 수 있는 잠재력을 보았다. 이 엔지니어와 기업가들은 전기 자동차가 가솔린 자동차보다 더 좋고, 더 빠르고, 더 재미있게 운전할 수 있다고 믿었다. 이들은 19세기 천재 과학자 니콜라 테슬라의 이름을 따서 회사 이름을 정했다.

초기에 에버하드와 타페닝은 전기 자동차의 실현 가능성에 대해 주변에서는 회의적으로 바라보았으나, 그들은 고급 전기차 시장의 잠재력이 크다고 확신했다. 이들은 처음에는 전기 자동차는 느리고 지루하며 주행거리가 제한적이라는 일반적인 인식을 불식시키기 위해 고성능 전기 스포츠카인 로드스터를 만드는 데 집중했다.

그러던 2004년, 마틴 에버하드는 테슬라 모터스의 투자자를 찾던 중 머스크를 만났다. 전기차에 관심이 많았던 일론은 전기차를 개발하던 테슬라의 가능성을 보고 초기 자금 750만 달러 중 650만 달러를 단독으로 투자해 테슬라의 최대 주주이자 이사회 의장이 되었다. 그 후 머스크의 강력한 리더십으로 테슬라는 전기 자동차 분야에서 가장 잘 알려진 브랜드 중 하나로 성장했으며, 전 세계적으로 전기 자동차의 보급을 늘리는 데 크게 기여했다.

하지만 테슬라의 성공에는 많은 위기와 어려움이 있었다. 테슬라는 전기 자동차를 생산하는 회사이지만, 초기에는 생산량이 적고, 가격이 비쌌으며, 전기 자동차에 대한 수요가 많지 않았다. 이로 인해 테슬라는 자금난에 빠졌고, 파산 위기에 처했다. 그러나 머스크는 테슬라의 직원들을 설득하여 자금을 조달하고, 전기 자동차의 생산량을 늘렸다. 또한 테슬라는 전기 자동차의 가격을 낮추기 위해 노력했다.

테슬라의 위기와 그 극복

일론 머스크의 가장 큰 위기는 2008년 금융 위기에 직면했을 때였다. 이때 테슬라 모터스와 스페이스X는 모두 파산 위기에 몰렸다. 결국 일론 머스크는 두 회사 중 테슬라를 구글에 매각하기로 결정하고 친구이자 구글 공동 창업자인 래리 페이지Larry Page에게 인수 가능성을 타진했다.

머스크는 당시 테슬라의 시가총액보다 높은 60억 달러의 가격과 테슬라 공장에 대한 추가 투자금 50억 달러, 그리고 구글이 인수한 후 8년 동안 회사를 운영할 수 있도록 해달라고 요청했다. 여러 차례의 협상 끝에 래리 페이지는 대부분의 조건에 동의했고, 테슬라는 곧 구글에 인수될 것처럼 보였다.

하지만 운명은 머스크의 편이었다. 구들과의 인수 계약이 진행되고 있는 사이 테슬라는 상황을 반전시키기 시작했다. 로드스타가 입소문을 타면서 선주문 판매량이 급증하기 시작했고 테슬라의 주가는 치솟았다. 자연스레 구글과의 거래는 없던 일이 되었다. 로드스타는 예약 판매만 1만 대가 넘었고, 테슬라는 처음으로 흑자 전환에 성공했다.

그러나 위기는 그것으로 끝이 아니었다. 위기는 또 한 번 찾아왔다. 2018년 9월, 테슬라의 자율주행 자동차가 자율주행 보조 기능인 '오토파일럿Autopilot'을 켜고 달리다가 사망 사고를 일으킨 사건이 일어났다. 이 사건으로 테슬라의 주가가 크게 하락했고, 머스크는 CEO 직에서 물러날 위기에 처했다. 테슬라의 자율주행 자동차는 2016년부터 출시되었지만, 아직까지 완벽하지 않다. 이 사고는 자율주행 자동차의 위험성을 보여준 사건으로, 자율주행 자동차의 개발과 보급에 대한 논란을 불러일으켰다. 미국 교통안전국NHTSA은 이 사고를 조사하기 시작했고, 테슬라는 자율주행 자동차의 사용을 중단했다. 테슬라의 주가는 크게 하락했다. 사고 당일 테슬라의 주가는 6% 하락했고, 주가는 계속 하락해 테슬라의 시가총액은 약 200억 달러가 감소했다.

테슬라의 주주들은 일론 머스크의 사임을 요구했지만 일론 머스크는 사임하지 않았고, 테슬라의 CEO 직을 유지했다. 일론 머스크는 이 사고에 대한 책임을 인정하고, 테슬라의 자율주행 자동차의 안전을 개선하기 위해 노력하겠다고 밝혔다. 그는 이 사고에 대해 조사를 실시하고, 완전 자율주행FSD : Full Self Driving을 위한 프로그램 개발에 더욱 박차를 가해 나갔다. 현재도 테슬라는 자율주행 자동차의 안전을 위해 더 많은 데이터를 수집하고, 알고리즘을 개선하고 있으며, 또한 자율주행 자동차의 안전을 위해 운전자의 주의를 환기시키는 기능을 추가하고 있다.

일론 머스크는 위기에 처할 때마다 위기의 순간을 극복하고, 회사를 성공으로 이끌었다. 머스크는 위기의 순간을 극복할 수 있었던 것은 항상 회사의 미래를 바라보고, 위기의 순간을 극복할 수 있는 방법을 찾을 수 있었기 때문이다. 또한, 머스크는 직원들을 신뢰하고 직원들에게 자율권을 부여했다. 이러한 머스크의 리더십은 회사를 위기에 빠뜨렸던 문제를 해결하고 회사를 성공으로 이끌었다.

테슬라는 2003년에 설립된 후 계속 적자를 보이며 어려움을 겪었지만 2020년에는 연간 매출이 100억 달러를 돌파하고, 순이익도 10억 달러 이상을 기록하여 처음으로 흑자를 기록했다.

'톱시크릿 마스터플랜'에 나타난 일론 머스크의 비즈니스 철학

머스크는 지금까지 세 번에 걸친 '톱 시크릿 마스터플랜Top Secret Master Plan'을 발표했다. 그가 테슬라를 위한 마스터플랜을 발표하는 것은 회사의 장기 목표와 비전을 공개하는 의미가 있다. 테슬라의 중장기 사업 전략을 정리하고, 그 방향성을 명확히 표현하기 위한 것이다. 이러한 마스터플랜은 테슬라가 미래에 어떤 방향으로 나아갈 것인지에 대한 청사진을 제공하며, 투자자, 고객, 직원 등에게 회사의 장기적인 비전과 목표를 명확하게 전달한다. 이는 테슬라가 지속 가능한 에너지와 환경친화적인 기술에 대한 리더십을 강화하고, 브랜드 이미지와 시장 지위를 높이는 데에도 중요한 역할을 하고 있다.

'톱 시크릿 마스터플랜 1'

2006년 8월 2일, 일론 머스크는 자신의 블로그에 '톱 시크릿 마스터플랜Top Secret Master Plan: just between you and me'이라는 제목의 글을 게시했다. 이 글에서 머스크는 테슬라의 비전을 밝히고, 전기차를 대중화하기 위한 로드맵을 발표했는데, 테슬라가 전기차 산업을 혁신하고, 인류의 미래를 바꾸기 위한 비전을 설명한 문서다. 머스크는 이 글에서 이렇게 밝히고 있다.

"Tesla의 사명은 지속 가능한 에너지로의 세계 전환을 가속화하는 것입니다. 이 사명을 달성하기 위해서는 전기차를 더 저렴하고 접근하기 쉽게 만들어야 합니다. 또한 전기차가 모든 면에서 가솔린 자동차보다 우수하다는 것을 확인해야 합니다. 이러한 목표를 달성하기 위한 우리의 계획은 다음과 같습니다.

우리는 대중 시장에 합리적인 가격의 전기차를 출시할 것입니다. 성능, 주행거리, 안전성 등 모든 면에서 가솔린 자동차보다 더 나은 자동차를 만들겠습니다. 우리는 다른 회사들도 전기차를 만들 수 있도록 특허를 개방할 것입니다.

지속 가능한 에너지 생태계를 조성할 수 있도록 태양광 및 배터리 저장장치에 투자할 것입니다. 우리는 이 계획이 세상에 진정한 변화를 가져올 것이라고 믿습니다. 시작하게 되어 기쁩니다. 감사합니다.”

— 일론 머스크

이 글에서 머스크는 소량의 고급 전기차를 만든 다음, 그 돈으로 더 낮은 가격대의 중형차를 만들고, 그 돈으로 저렴한 가격대의 대형차를 만들겠다는 다음 계획을 밝혔다.

1단계 : 고급 스포츠카Tesla Roadster를 만든다.

2단계 : 로드스터로 번 돈으로 더 저렴한 고급 자동차Model S를 만든다.

3단계 : 그 돈으로 더 저렴한 자동차Model 3를 만든다.

4단계 : 위의 작업을 수행하는 동안 무공해 전기 발전 옵션Tesla Solar 제품도 제공한다.

테슬라는 위의 로드맵대로 전기 자동차의 혁신 가능성을 입증해 나아갔다. 약속대로 처음으로 나온 것이 고성능 스포츠카인 로드스터Tesla Roadster였다. 테슬라는 로드스터로 돈을 벌어 대중에게 액세스할 수 있는 가격대의 차량을 만들어 냈는데 이것이 테슬라 'Model S'와 'Model X'다.

이 모델들은 전기차 대중화의 시동을 걸었고 테슬라의 이름을 세상에 알리기 시작했다. 테슬라는 1단계, 2단계를 달성하고 Model 3라는 저렴한 대중용 전기차량을 출시해 머스크가 제시한 로드맵을 성공적으로 그려나갔다.

일론 머스크는 로드스터, Model S, Model 3를 통해 대부분 자신의 달성함으로써 몽상가라는 의심의 시선을 벗어던지고 혁신적 기업가란 이미지를 정립해나갔다. 이로써 머스크는 테슬라가 최종적으로 전기 에너지와 지속 가능한 에너지의 대중화에 기여하려는 큰 그림을 그릴 수 있었으며 머스크의 비즈니스 철학을 대중에게 각인시키게 되었다.

'톱 시크릿 마스터플랜 2'

'테슬라 마스터플랜 2'는 일론 머스크가 2016년에 발표한 계획으로, 10년 전인 2006년에 발표한 파트 1의 후속 마스터플랜이다. 이 계획은 크게 4가지 주요 부분으로 나누어져 있다.

첫째, 솔라 에너지와 전기차의 통합이다. 테슬라는 솔라 에너지와 차량을 결합하여 에너지 솔루션을 통합하기로 했다. 솔라루프와 파워월을 사용하여 가정에서 에너지를 생성하고 저장할 수 있으며, 이를 통해 전기차를 충전할 수 있다.

둘째, 다양한 전기차 제품 라인 확장이다. 머스크는 Model S와 Model X에 이어 더 저렴한 Model 3와 Model Y를 출시하여 대중에게 접근할 계획을 밝혔다. 이 계획에서는 세단과 SUV 이외에도 픽업트럭, 대중교통용 버스 등의 차량을 포함한 전기차 모델의 확장을 제시한다. 이는 더 많은 소비자에게 전기차를 제공하려는 목표다.

셋째, 자율주행 기술의 진화다. 테슬라는 완전 자율주행 기술의 선두 주자로, 파트 2 계획에서는 이 기술을 성숙시키고 상용화할 목표를 명확히 하고 있다. 테슬라는 완전 자율주행 기술의 발전을 계속 추진해서 모든 테슬라 차량에 자율주행 하드웨어를 탑재하고, 시간이 지남에 따라 소프트웨어를 통해 기능을 개선하려는 계획이다.

넷째, 공유 모빌리티다. 머스크는 테슬라 차량 소유자가 차량을 공유하도록 하여 이를 수익원으로 만들 수 있는 시스템을 만들 계획을 제시했다. 이는 소유자가 차량을 사용하지 않을 때 자율주행 기능을 사용하여 다른 사람들이 사용할 수 있게 하여, 수익을 창출하고 전체 차량 소유 비용을 줄일 수 있는 방안이다.

이러한 비전은 테슬라가 단순히 자동차 제조사에서 에너지와 교통의 혁신 기업으로 자리 잡으려는 계획의 일환으로 볼 수 있다. 이 계획은 회사의 제품 라인을 확장하고, 지속 가능한 에너지 전환을 가속화하며, 교통 분야에서의 혁신을 촉진하는 데 중점을 둔 것이었다.

'톱 시크릿 마스터플랜 3'

지난 20년간 테슬라는 마스터플랜 1과 2에 따라 기업 성장 전략을 세워왔다. 그리고 2023년 3월 1일, 일론 머스크는 테슬라의 장기 계획인 마스터플랜 파트 3을 발표했다. 마스터플랜 파트 3은 테슬라가 전기차를 통해 지구를 구하고 지속 가능한 에너지를 만들기 위한 계획이다. 마스터플랜 파트 3의 주요 내용은 다음과 같다.

- 25,000달러짜리 전기차를 출시하여 전기차를 더 많은 사람들이 접근할 수 있게 한다. 테슬라는 이 차량을 'Model 2'라고 명명했으며, 2024년 출시를 목표로 개발 중이다.
- 태양광 패널과 배터리를 결합한 가정용 에너지 시스템을 개발하여 사람들이 전기 요금을 절약할 수 있게 한다.
- 자율주행 기술을 개발하여 사람들이 운전 부담을 줄이고 더 안전하게 이동할 수 있게 한다. 이 서비스는 차량 소유 없이도 전기차를 이용할 수 있게 하여 전기차 시장을 확대하는 데 기여할 것이다.
- 테슬라는 로보택시 네트워크를 구축하여 운전자 없이 승객을 목적지까지 이동시켜주는 서비스를 제공하겠다는 목표를 세

웠다. 테슬라는 로보택시 네트워크를 통해 교통 혼잡을 줄이고, 이동의 편의성을 높일 것이다.

- 테슬라는 전기차 충전소 네트워크를 구축하여 전기차 이용자들이 편리하게 충전할 수 있도록 할 계획이다. 이 네트워크는 전기차 시장의 성장을 촉진하는 데 기여할 것이다.

마스터플랜 파트 3은 테슬라가 전기차와 지속 가능한 에너지 분야에서 선도적인 역할을 하기 위한 계획이다. 이 계획은 테슬라가 전기차 시장을 주도하고, 에너지 분야에서 새로운 시장을 창출하는 것을 목표로 하고 있다. 마스터플랜 파트 3이 성공적으로 실행되면 테슬라는 지구를 구하고 지속 가능한 에너지를 만들 수 있을 것이다.

테슬라 '로드스터'

일론 머스크는 테슬라 '로드스터Roadster' 개발을 주도하는 등 회사 운영에 적극적으로 참여했다. 2008년에 출시된 로드스터는 리튬이온 배터리 셀을 사용한 최초의 고속도로 주행이 가능한 전기차로, 당시 다른 어떤 양산 전기차보다 주행 거리가 길었다. 테슬라 로드스터는 실제로 2006년에 공개되어 2008년에 생산에 들어간 테슬라의 첫 번째 전기 자동차였다.

로드스터는 여러 면에서 획기적인 차량이었다. 대부분의 전자기기에 사용되는 배터리와 유사한 리튬이온 배터리 셀을 사용한 최초의 고속도로 통행이 가능한 전기차였다. 이 기술을 통해 로드스터는 한 번 충전으로 321킬로미터를 주행할 수 있었으며, 이는 당시 전기차로서는 전례가 없는 수치였다. 테슬라는 로드스터를 통해 고용량 리튬이온 배터리 팩을 사용하여 전기 자동차의 주행 가능 거리를 크게 늘렸다. 이는 전기 자동차의 가장 큰 단점 중 하나인 '주행 거리 부족' 문제를 해결하는 데 크게 기여했다.

또한, 로드스터는 전기 자동차가 경제적이고 실용적일 뿐만 아니라 고성능과 멋을 겸비할 수 있다는 것을 보여주었다. 이 차는 판매 가격만 10만 9000달러에 달하는 럭셔리 스포츠카였는데, 정지 상태에서 시속 100km까지 4초 이내에 도달할 수 있어 최고급 스포츠카와 같은 성능을 보여주어 최고 인기 상품이 되었다. 이는 전기 자동차가 내연기관 자동차와 경쟁할 수 있음을 증명한 첫걸음이었다.

로드스타의 성공에는 레오나르도 디카프리오, 조지 크루니 같은 유명인의 도움도 컸다. 디카프리오는 많은 이들이 알고 있듯이 환경 보호에 대한 열정이 뛰어난 배우다. 자신의 플랫폼을 활용해 기후 변화에 대한 인식을 높이고, 친환경 기술 및 생활 방식의 중요성을 강조하고 있다. 그는 환경친화적인 생활을 지향하는 배우로, 테슬라 로드스터를 타고 다니며 자연스레 테슬라의 광고를 해주고 있는 셈이 되었다.

머스크의 리더십 아래 테슬라는 혁신을 거듭하며 전기 자동차의 한계를 뛰어넘고 있다. 테슬라 로드스터는 다양한 면에서 자동차 산업에 혁신적인 변화를 가져왔다. 2020년 2월, 테슬라는 완전히 새로운 버전의 로드스터를 공개했는데 이 차는 놀라운 성능을 지니고 있다. 이 차량이 0에서 60마일/시약 97km/h까지 가속하는데 1.9초, 최고 속도는 250mph약 402km/h 그리고 최대 주행거리는 약 620마일약 998km이나 된다.

로드스터는 탄소 배출을 줄이는 방향으로 이동해야 하는 현대 사회에 맞는 차량으로, 지속 가능한 이동 수단에 대한 대중의 인식을 바꿔놓았다. 로드스터의 성공은 이후 Model S, X, 3, Y 등 다른 차량의 성공으로 이어지는 발판을 만들었다. 테슬라 로드스터는 일론 머스크가 우주 탐사 기업인 스페이스X의 팰컨 헤비 로켓에 탑재하여 우주로 보낸 차량이기도 하다.

'Model S' 및 '슈퍼차저' 네트워크

테슬라의 'Model S'는 2012년에 출시를 했다. 한 번 충전으로 최대 300마일을 주행할 수 있는 프리미엄 전기 세단으로 큰 성공을 거두었다. Model S는 전기차가 가솔린 차량에 비해 성능이 떨어진다는 대중의 인식을 불식시키는 데 기여했다. Model S는 2013년 Motor Trend 올해의 차 등 수많은 상을 수상하며 비평가들의 호평을 받았고, 소비자들 사이에서 빠르게 인기를 얻었다.

Model S 출시와 동시에 테슬라는 전기차 보급의 주요 장벽 중 하나인 주행 거리 불안을 극복하고 장거리 여행을 용이하게 하기 위해 또 다른 중요한 단계인 슈퍼차저 네트워크를 구축하기 시작했다. 약 30분 만에 차량을 충전할 수 있는 고속 충전을 제공하는 슈퍼차저 네트워크는 전기차 소유자에게 장거리 여행이 현실적인 선택이 되었음을 의미했다. 이는 전기차 소유의 실용성을 홍보하는 데 중요한 요소였으며 혁신에 대한 테슬라의 명성을 높이는 데 큰 역할을 했다. 이러한 테슬라 슈퍼차저 네트워크는 주행 거리 불안을 완화하고 전기차EV 보급을 촉진하는 데 중요한 역할을 했다.

테슬라는 인프라 개발 측면에서 전기차 도입을 둘러싼 주요 우려 사항 중 하나를 해결하기 위해 선제적인 접근 방식을 취했다. 테슬라는 고속 충전소 네트워크를 개발하여 운전자의 장거리 여행을 가능하게 했을 뿐만 아니라 전기차 소유의 실용성과 편리함을 입증함으로써 전기차에 대한 강력한 사례를 만들었다. 또한 테슬라는 슈퍼차저 네트워크를 확장하기 위한 지속적인 노력을 통해 전기 자동차의 광범위한 채택을 지원하고 발전시키려는 노력을 더욱 강화하고 있다.

이러한 전략은 의심할 여지 없이 혁신적이고 미래지향적인 기업으로서 테슬라의 명성에 기여했다. 이 차량은 소프트웨어 업데이트를 통해 차량 기능을 개선하거나 추가할 수 있어, 이런 점에서도 독특하다고 할 수 있다.

테슬라 Model S가 출시된 이후로 테슬라의 애호가들이 부쩍 생겨나기 시작했다. 테슬라 Model S를 소유한 유명인으로는 스티븐 스필버그, 스티브 워즈니악 같은 이름들이 있다. 특히 배우 카메론 디아즈Cameron Diaz는 테슬라 Model S에 반해, 그 차를 몰고 다니며 환경 보호에 앞장서고 있다. 스마트폰에 '애플빠'가 있듯이 이 때부터 테슬라의 애호가들이 부쩍 생겨나서 '테슬라빠'를 형성하기 시작했다.

테슬라는 전기차 도입을 가로막는 많은 장벽을 해결하고 극복함으로써 지속 가능한 운송 수단으로의 전환을 위한 기반을 마련하는 데 성공해 왔다. 이러한 단계를 통해 테슬라는 자동차 업계에서 잘 알려진 이름이 되었고, 다른 많은 자동차 제조업체들이 자체 전기차 개발에 박차를 가하도록 영감을 주었다. 또한 테슬라는 전기 자동차 기술과 인프라의 한계를 뛰어넘음으로써 지속 가능성과 전기화를 향한 업계의 전환에 중요한 역할을 해왔다.

'Model 3' 및 'Model Y'

테슬라는 2016년에 대중 시장을 겨냥한 첫 번째 차량인 Model 3를 공개했다. 더 낮은 가격대로 많은 소비자들이 전기차를 보다 합리적인 가격에 구매할 수 있게 되었다. 2020년에는 Model 3 플랫폼을 기반으로 한 소형 크로스오버 차량인 Model Y를 출시했다. 이 모델은 자동차 업계에서 Tesla의 시장 점유율과 영향력을 크게 확대하는 데 도움이 되었다.

실제로 테슬라가 Model 3와 Model Y를 출시한 것은 대중적인 전기 자동차EV로의 전략적 전환을 알리는 신호탄이었다. Model 3는 Tesla의 이전 모델인 Model S 및 X에 비해 저렴한 가격의 세단으로 더 많은 고객에게 주행 거리, 성능, 안전성 및 유용성이라는 테슬라만의 독특한 조합을 제공하기 위해 설계되었다. Model 3는 빠르게 인기를 얻으며 테슬라에 상당한 판매 성공을 안겨주었다. 2021년 9월을 기준으로 Model 3는 전 세계 여러 시장에서 가장 많이 판매된 전기차가 되었다.

또한 Model Y는 2019년에 공개되었고 2020년부터 판매가 시작되었다. Model 3와 많은 부품을 공유하는 이 소형 크로스오버는 더 넓은 실내 공간과 3열 좌석을 옵션으로 제공한다. 전 세계적으로 빠르게 성장하고 있는 인기 소형 SUV 카테고리에 잘 어울린다. Model Y는 출시 후 큰 인기를 끌고 있는데 Model 3보다 크기가 크고 실내 공간이 더 넓은 데다 7인승으로 확장 가능해서 주로 가족 레저 용도로 사용된다.

이 두 모델은 차량 및 충전 인프라의 지속적인 개선에 대한 테슬라의 노력과 함께 테슬라의 명성과 시장 점유율을 크게 높였다. 특히 Model Y 생산부터 테슬라는 산업 선도적인 기가프레스란 생산 방식을 도입했다. 테슬라의 기가프레스는 알루미늄을 녹여 틀에 부은 후 대형 프레스기가프레스로 높은 압력을 가해 자동차 차체를 찍어내는 초대형 다이캐스팅 공법이다. 이러한 기가프레스 공법을 도입하면 수십여 개의 패널을 용접해 차체를 만드는 기존 방식에 비해 비용과 제조 시간이 크게 줄어든다. 또한, 기가프레스는 용접 공정을 없애기 때문에 차체의 강도를 높이고 무게를 줄일 수 있다.

기가프레스는 테슬라가 자동차 생산 방식을 혁신하기 위해 개발한 기술로, 2019년부터 Model Y를 생산하는 기가팩토리 상하이에서 처음으로 도입되었다. 이후 기가팩토리 베를린과 기가팩토리 오스틴에서도 기가프레스가 사용되고 있다. 이처럼 기가프레스는 테슬라의 자동차 생산 방식을 혁신하고 생산 효율을 높이고 있으며, 자동차 산업 전반에 걸쳐 생산 방식의 혁신을 이끌고 있다.

2023년 1분기, 테슬라 모델Y가 전 세계 판매 1위를 기록했다. 전기차뿐만 아니라 내연기관차까지 모두 포함해서 1위를 기록한 것인데, 모델Y가 월드 베스트셀링 카가 되었다는 사실은 무척이나 놀라운 일이다. 수집된 데이터에 따르면 테슬라의 모델Y는 2023년 1분기 26만 7200대가 팔렸는데, 전년 동기 대비로는 69%나 증가했다. 도요타 쿠롤라 25만 6,400대, 캠리 16만 6200대를 제치고 처음으로 글로벌 판매 1위에 오른 것이다.

2022년 8월, 일론 머스크는 연례 주주총회에서 Model Y가 2023년에 세계에서 가장 많이 팔리는 자동차가 될 것이라고 발표한 바 있다. 당시 Model Y의 높은 가격을 고려할 때 머스크의 이 발언은 허풍 정도로 받아들여져서 그것이 실현되기란 어려울 것으로 내다봤다. 하지만 테슬라는 가격 인하와 더불어 전 세계적인 확장을 통해 Model Y에 대한 수요를 높이고 있었다. 테슬라가 보다 합리적인 가격의 전기차를 출시하면서 글로벌 1위의 위업을 달성한 것이다. 머스크의 말은 때론 황당하게도 여겨지지만 다소 늦더라도 그는 그 약속을 반드시 지키곤 했는데 이번에도 그렇게 된 것이다.

중국 전기차의 약진과 가격 경쟁력

최근 중국 전기차 산업은 가격 경쟁력을 바탕으로 급격히 성장하고 있으며 세계 시장을 압도하고 있다. 특히 BYD, CATL, Gotion 등 주요 중국 전기차 및 배터리 기업들이 글로벌 생산량의 절반을 차지하고 있다. 이는 테슬라보다 15%나 저렴한 가격으로 전기차를 생산할 수 있는 것은 거대한 내수 시장을 바탕으로 대규모 생산을 통해 규모의 경제를 실현하고 있기 때문이다. 특히 중국 정부는 전기차 산업을 전략적으로 지원하고 있다. 전기차 구매 보조금, 세금 혜택, 충전 인프라 구축 지원 등 다양한 정책을 통해 전기차 산업의 성장을 촉진하고 있다.

중국 전기차 산업의 급격한 성장은 테슬라에게 큰 도전 과제가 되고 있다. 그러나 테슬라는 운전자 지원 기능인 '오토파일럿'과 대규모 배터리 생산을 위한 '기가팩토리' 등 새로운 기술을 통해 혁신을 지속해 나가고 있다. 또한 미국, 중국, 독일을 비롯한 여러 국가에 제조 공장을 두고 전 세계로 사업을 확장했다.

현재 테슬라는 자동 운전 기술, 배터리 기술 및 제조 방법 그리고 충전 네트워크와 같은 분야에서 혁신을 이끌고 있다. 테슬라의 '오토파일럿' 시스템은 센서와 카메라를 통해 자동차를 자동으로 운전하고, 운전자의 개입을 최소화하는 데 초점을 맞추고 있다. 이 기능은 지속적으로 업데이트되어 기능이 향상되고 있다.

또한 테슬라는 대규모 배터리 생산을 위한 '기가팩토리'를 전 세계에 건설하고 있다. 테슬라는 2019년 중국 상하이에 기가팩토리를 설립하여 현지 생산을 확대하고 있는데, 중국 현지에서 배터리, 모터, 부품 등을 조달하여 비용을 절감하고 있다. 중국의 주요 배터리 제조업체인 CATL과의 협력을 통해 배터리를 공급받는 등, 현지화된 공급망을 구축하여 생산 효율성을 극대화하고 있다.

테슬라는 기가팩토리에서 고도의 자동화, 로봇과 AI를 활용한 스마트 제조 공정을 통해 생산 비용을 절감하고 있다. 기가팩토리 상하이에서 생산된 Model 3와 Model Y는 가격을 인하하여 중국 내에서 가격 경쟁력을 높였다. 또한 테슬라는 상하이에 연구개발R&D 센터를 설립하여 기술 현지화로 중국 시장에 특화된 기술과 제품을 개발하며, 중국 소비자들을 위한 맞춤형 서비스를 제공하고 있다. 예를 들어 중국 소비자들의 요구를 반영하여 인포테인먼트 시스템에 중국어 지원을 강화하고, 중국 내 인기 앱과의 연동 기능을 추가했다.

앞으로도 테슬라는 모델 확장으로 전기차 시장을 지속적으로 선도할 것이다. 기존 모델S, 3, X, Y에 더해 새로운 모델들을 추가로 출시할 계획이며 특히 사이버 트럭, 로드스터 2.0, 테슬라 세미의 생산은 전기차 시장의 새로운 판도를 만들고 있다.

사이버 트럭은 전통적인 픽업트럭과 차별화된 성능과 기능을 제공하여 시장에서 큰 반향을 일으킬 것이다. 그리고 로드스터 2.0은 테슬라의 차세대 고성능 전기 스포츠카로 0-60mph 가속 시간이 1.9초에 불과한 놀라운 성능을 자랑하며, 약 998km의 주행거리를 제공한다. 또한 테슬라 세미Tesla Semi는 화물 운송용 전기

트럭으로, 대형 트럭임에도 불구하고 단 한 번 충전으로 최대 약 805km를 주행할 수 있다.

테슬라는 자체 배터리 셀4680 배터리의 생산을 통해 배터리 성능을 극대화하고, 비용을 절감하여 더 긴 주행 거리와 낮은 가격을 제공할 계획이다. 4680 배터리 셀은 기존 2170 셀 대비 5배 더 많은 에너지를 저장할 수 있다. 이는 차량의 주행 거리를 크게 늘려줄 뿐만 아니라, 더 적은 셀로도 동일한 성능을 유지할 수 있다.

뒤에서 살펴보겠지만 테슬라의 충전 인프라 확장 정책은 경쟁력을 재고하고 있다. 테슬라는 현재 중국 전역에 700개 이상의 슈퍼차저 스테이션을 운영하고 있으며, 계속 슈퍼차저 네트워크를 빠르게 확장하고 있다.

자동차 기업에서 AI 기업으로의 전환

일론 머스크는 2024년 4월 23일 테슬라를 자동차 기업에서 AI 기업으로의 전환한다고 선언했다. 머스크는 테슬라를 단순한 자동차 기업에서 AI 기업으로 전환하겠다는 의지를 여러 차례 밝혀왔다. 그는 2019년 4월, 테슬라 자율주행의 날Autonomy Day 행사에서 테슬라 차량들이 단순한 전기 자동차가 아닌, 자율주행 AI 플랫폼이 될 것이라고 강조했다. 이때 자체 개발한 FSDFull Self-Driving 컴퓨터를 소개하며, 차량이 스스로 운전할 수 있도록 하는 AI 시스템의 핵심이라고 설명했다.

앞서 2021년 8월에는 테슬라 AI 데이AI Day를 통해 도조Dojo라는 강력한 슈퍼컴퓨터를 소개했다. 이 컴퓨터는 자율주행 AI 모델의 훈련을 가속화하는 데 사용된다. 또한 테슬라는 테슬라봇Tesla Bot이라는 인간형 로봇을 공개하며 AI와 로봇 기술 개발에 대한 의지를 분명히 했다.

이처럼 일론 머스크는 테슬라를 AI 기업으로 전환하는 목표를 위해 자율주행 기술 개발, 강력한 컴퓨팅 인프라 구축, 그리고 AI와 로봇 기술을 일상에 적용하는 다양한 프로젝트를 진행하고 있다. 이러한 노력은 테슬라가 단순한 자동차 제조업체를 넘어 AI 기술 혁신을 주도하는 기업으로 자리매김하는 데 중요한 역할을 하고 있다.

테슬라는 FSD를 활용한 로보택시 서비스를 제공할 계획을 가지고 있다. 일론 머스크는 FSD 기술이 학습을 완료하고 이제 검증만 남았다고 밝혔으며, 이를 기반으로 로보택시 서비스를 구체화하고 있다. 테슬라는 2024년 8월 8일을 로보택시 시연의 날로 정하고, 이를 통해 FSD 기술을 대중에게 선보였으며, 2026년까지 로보택시 서비스를 목표로 하고 있다.

테슬라는 로보택시 FSD 무료 사용권을 나눠주는 행사를 계획하고 있다. 이를 통해 초기 사용자들이 로보택시 서비스를 경험해 보고 피드백을 제공할 수 있도록 할 것이다. 이 행사는 테슬라 차량을 소유한 고객뿐만 아니라, 잠재적인 신규 고객들에게도 FSD

기술을 체험할 기회를 제공할 것이다.

자율주행 로보택시는 24시간 운행이 가능하며 승객의 호출에 즉각적으로 대응할 수 있다. 승객들은 스마트폰 앱을 통해 쉽게 로보택시를 호출할 수 있으며, 이를 통해 교통 혼잡을 줄이고 대중교통의 편의성을 높일 수 있다. 이 서비스는 교통의 편의성과 안전성을 높이고 테슬라의 새로운 수익 모델을 창출하는 데 중요한 역할을 할 것이다.

로보택시 서비스는 테슬라의 새로운 수익원이 될 수 있으며, 차량 소유주에게도 수익을 제공할 수 있다. 차량 소유주는 자신의 테슬라 차량을 로보택시로 등록하고, 운행 시간 동안 수익을 올릴 수 있다.

'FSD 버전 12'의 기술 성과… 그리고

일론 머스크는 FSD 기술의 중요성을 기회가 있을 때마다 말했고, 테슬라의 자율주행 기술이 회사의 핵심 비전임을 강조했다. 이는 FSD 기술이 테슬라의 미래 전략에서 얼마나 중요한 위치를 차지하는지 보여준다. 머스크는 여러 차례 완전 자율주행 기술을 언급했다.

그가 처음으로 완전 자율 주행 기술을 언급한 것은 2014년이었다. 당시 몇 년 안에 자율 주행 기술을 완성할 수 있을 것이라고 했는데, 10년이라는 시간이 흐르면서 일론 머스크를 사기꾼이라고 비판하는 사람도 많았다. 때로는 완전 자율주행 기술에 대한 사기

혐의로 테슬라 주주들로부터 고소를 당하기도 했는데, 머스크는 인공지능을 현실에서 적용하는데 큰 어려움을 겪었다고 고백하면서 자율주행의 기술적 어려움에 대해서 이야기한 적이 있다.

머스크는 2023년에도 완전 자율자동차를 출시한다는 선언했는데 의문을 제기하는 이들이 많았다. 과거에도 일론 머스크의 자율주행 예측 발언에 대해 많은 사람들이 약속을 지키지 못했다며 '일론타임'이라고 조롱하며 시기에 대한 비판을 했다. 하지만 머스크는 지금은 어느 때보다도 완전 자율주행 기술에 근접해 있다고 이야기하면서 자신감 있는 모습을 보이고 있다. 자율주행 단계는 인간이 모든 것을 하는 0레벨에서부터 모든 상황에서 운전자의 개입이 불필요한 5레벨까지, 즉 완전 자율주행 단계까지 분류되는데 이미 5레벨에 근섭해 있다는 것이다.

최근 일론 머스크는 테슬라의 자율주행 FSD 버전이 올라갈수록 기하급수적으로 늘어나는 성과를 강조했다. 그것은 자율주행 빅데이터가 쌓이고, 도조 슈퍼컴퓨터의 수행능력이 극대화되면서 가능해지는 듯하다. 머스크는 FSD 기술을 통해 완전 자율주행차의 실현을 목표로 로보택시 서비스와 같은 혁신적인 비즈니스 모델을 구축할 계획이다. 현재 테슬라의 'FSD 버전 12'는 최신 자율주행 기술을 집약한 소프트웨어로, 복잡한 인공지능 알고리즘과 대규모 데이터 분석을 통해 개발되었다.

일론 머스크는 FSD 기술의 중요성을 여러 차례 강조해 왔다. 그는 "FSD의 미래를 믿지 않는다면 테슬라에 투자할 필요가 없다"고

FSD 버전 12의 주요 성과

1. 향상된 인식 능력 : FSD 버전 12는 더 높은 정확도로 도로 상황을 인식하고 분석할 수 있다. 이는 다양한 날씨 조건과 조명 환경에서의 인식 능력을 포함한다. 또한 보행자, 자전거, 차량 등 객체를 보다 정확하게 인식하고, 이를 통해 더 안전한 운전이 가능하다.
2. 더 나은 경로 계획 : 실시간으로 교통 상황을 반영하여 경로를 수정하는 능력이 향상되었다. 이를 통해 교통 체증을 피하고 최적의 경로를 선택할 수 있다. 그리고 고속도로에서의 합류와 차선 변경이 더욱 부드럽고 안전하게 이루어진다.
3. 자연스러운 주행 경험 : FSD 버전 12는 더욱 부드러운 제동과 가속을 구현하여 승객들에게 자연스러운 주행 경험을 제공한다. 곡선 도로에서의 주행도 보다 안정적이고 자연스럽게 개선되었다.
4. 지속적인 학습 및 업데이트 : FSD 시스템은 AI를 기반으로 하여 지속적으로 학습하고, 새로운 데이터와 환경 변화에 적응한다. 정기적인 소프트웨어 업데이트를 통해 FSD 성능을 지속적으로 개선하고 있다.

말하며, 테슬라의 자율주행 기술이 회사의 핵심 비전임을 강조했다. 이는 FSD 기술이 테슬라의 미래 전략에서 얼마나 중요한 위치를 차지하는지 보여준다.

테슬라는 FSD 기술을 통해 자율주행차 시장에서의 리더십을 확고히 다질 계획이다. FSD 기술의 발전은 단순한 기술적 성과를 넘어, 교통의 혁신을 가져오고, 로보택시 서비스 등의 새로운 비즈니스 모델을 가능하게 할 것이다.

테슬라는 AI 기업이다

테슬라는 '오토파일럿', '기가팩토리', '슈퍼차저 네트워크'를 통해 전기차 시장을 혁신하고 있다. 테슬라는 이러한 기술 개발을 통해 전기차 시장을 혁신하고, 전기차의 대중화를 이끌고 있다. 이런 테슬라의 기술은 다른 자동차 회사에도 영향을 미치고 있다. 기존의 자동차 회사들도 테슬라의 기술을 따라잡기 위해 자율주행 기술, 배터리 기술, 충전소 네트워크를 개발하고 있다.

오토파일럿

'오토파일럿Autopilot'은 선박, 항공기 및 우주선 등을 자동으로 조종하기 위한 장치 또는 그러한 장치에 의해 제공되는 자동 제어 시스템이다. 테슬라의 오토파일럿은 고급 운전자 보조 시스템을 의

미한다. 차선 유지, 속도 조절, 자동 차선 변경, 주차 등 다양한 기능을 포함하며 계속적으로 업데이트되어 기능이 향상된다.

오토파일럿 시스템은 자동차가 주행 환경을 이해하고 적절하게 반응하는 데 필요한 정보를 수집하는 데 심층 신경망Deep Neural Network, DNN 기술을 활용한다. 이 시스템은 차량에 장착된 여러 센서들로부터 데이터를 수집하는 데 전방 카메라, 후방 카메라, 측면 카메라, 레이더, 초음파 센서 등이 포함된다. 이 센서들은 차량 주변의 환경 정보, 주행 조건, 도로 표시, 다른 차량 및 장애물의 위치와 같은 중요한 정보를 제공한다.

이렇게 수집된 데이터는 심층 신경망이 분석하여 차량이 어떻게 움직여야 하는지 결정하게 된다. 이 과정에서 심층 신경망은 계속 학습하고 개선되며, 테슬라는 이러한 학습 결과를 통해 지속적으로 오토파일럿 시스템의 성능을 향상시킨다.

기가팩토리

테슬라의 '기가팩토리Gigafactory'는 전기 자동차 및 에너지 저장 시스템에 필요한 리튬이온 배터리를 대량으로 제조하는 시설이다. 기가팩토리라는 이름은 그 시설이 생산할 수 있는 거대한 용량을 나타내는데, '기가'는 그리스어에서 '거인'을 의미하는 'gigas'에서 유래되었다. 테슬라는 이러한 팩토리를 통해 배터리 생산의 효율성을 높이고 비용을 줄여, 전기 자동차의 가격을 저렴하게 만들어 더 많은 사람들이 이용할 수 있도록 하는 것을 목표로 하고 있다. 이러한 시설은 재생 가능한 에너지를 이용해 작동되며, 테슬라의 환경친화적인 사업 방향을 반영하고 있다.

테슬라는 2014년 4월에 네바다주에 기가팩토리를 착공한 것을 시작으로 중국의 상하이, 독일의 베를린 그리고 호주에 세계 최대의 기가팩토리를 설치했다. 이 시설들은 각각 특정 지역 시장을 위한 제품을 생산하며, 테슬라의 글로벌 제조 네트워크를 형성하고 있다.

테슬라의 제조 공장을 보면 공장 전체가 하나의 유기체처럼 움직이는 스마트팩토리다. 사람의 개입을 최소화하며 디지털 환경에서 실제 생산 라인을 멈추지 않고서도 원하는 결과를 얻을 수 있는 인공지능 스마트팩토리가 되었다. 머스크는 공장도 하나의 제품이라는 말을 했는데, 테슬라의 스마트 팩토리를 보게 되면 이 테슬라의 혁신적인 기술이 얼마나 대단한 것인지를 알 수 있게 된다.

현재 운영 중인 주요 기가팩토리를 살펴보면 다음과 같다.

기가팩토리 1 : 네바다주에 위치, 배터리 셀과 팩 생산.

기가팩토리 2 : 뉴욕주에 위치, 솔라 루프와 에너지 제품 생산.

기가팩토리 3 : 상하이에 위치, Model 3와 Model Y 생산.

기가팩토리 4 : 베를린에 위치, 유럽 시장을 위한 Model Y와 배터리 생산.

기가팩토리 5 : 텍사스주에 위치, 사이버 트럭, Model 3, Model Y 생산 예정.

테슬라의 기가팩토리는 전기 자동차 산업의 발전에 큰 역할을 하고 있다. 테슬라는 기가팩토리를 통해 리튬이온 배터리의 가격을 낮추고, 생산량을 늘리면서 전기 자동차의 대중화에 앞장 서고 있다.

슈퍼차저 네트워크

'슈퍼차저 네트워크Supercharger Network'는 테슬라의 고속 충전 네트워크를 의미한다. 이미 슈퍼차저 스테이션은 전 세계에 분포되어 있으며, 테슬라 차량이 20~30분 내에 80%까지 충전할 수 있다. 이 네트워크는 테슬라 사용자들에게 장거리 여행의 자유를 제공하며, 전기차 보급을 촉진하는 중요한 역할을 한다. 앞으로 슈퍼차저 네트워크는 일론 머스크의 천재성의 극대점을 보여주는 최고의 비즈니스 작품이 될 가능성이 매우 높다.

슈퍼차저 네트워크는 2012년 처음으로 개설되었으며, 미국, 유럽, 중국, 일본, 한국 등 전 세계 주요 국가에 설치되어 있다. 2023년 7월 20일, 전기차 전문매체 '인사이드EV'에 따르면 새로운 슈퍼차저 충전소는 전년 대비 16% 증가했고, 이로써 테슬라의 전 세계 슈퍼차저 충전기 수는 54,892개에 이른다고 했다.

슈퍼차저 네트워크는 테슬라 차량 전용으로 운영되었으나, 앞으로는 포드와 GM을 시작으로 서드파티에 인프라를 개방하면서 북미 표준의 전기차 급속 충전 방식이 될 가능성이 높아지고 있다. 2021년 말부터는 시범적으로 유럽 일부 슈퍼차저 스톨에 한정해 다른 전기차량에도 충전할 수 있게 했다. 참고로 국내의 경우에는 2024년 6월 기준 대략 절반 정도의 슈퍼차저에서 다른 전기 차량CCS의 충전을 지원하고 있다.

반도체 슈퍼컴퓨터 로봇, 테슬라가 직접 만든다

테슬라의 인공지능 전략

2021년 8월 19일, 테슬라는 'AI 데이' 행사를 열었다. 이 행사에서 테슬라는 반도체 'D1', 슈퍼컴퓨터 '도조Dojo', 테슬라봇Tesla Bot인 '옵티머스Optimus'를 핵심으로 한 미래 비전을 공개하면서 새로운 인공지능 전략을 발표했다.

이날 테슬라는 사율수행 슈퍼컴퓨터 '도조'도 깜짝 공개했는데 테슬라는 슈퍼컴퓨터 도조를 위해 'D1'으로 부르는 칩을 자체 개발했다. D1은 50만 개 노드를 동시에 처리하며 초당 36TB의 속도로 데이터를 처리한다. 도조 슈퍼컴퓨터는 테슬라가 자율주행 기술 개발을 위해 구축한 슈퍼컴퓨터로, 세계에서 가장 빠른 슈퍼컴퓨터 중 하나로 손꼽힌다. 슈퍼컴퓨터 도조는 테슬의 자율주행 인공지능을 구동하는 신경망 학습에 사용되고 있다.

D1 반도체는 테슬라가 개발한 자체 칩으로 자율주행과 인공지능에 특화된 성능을 갖추었으며, D1의 트랜지스터 집적도는 세계 최고 수준으로 알려져 있다. 특히 자율주행 분야에 특화되어 설계되었기 때문에 자율주행 분야에서는 엔비디아 칩 A100보다

도 두 배 이상 성능이 뛰어나다고 한다.

그리고 '옵티머스'는 테슬라가 개발 중인 휴머노이드 로봇으로 다양한 산업에서 활용될 수 있을 것으로 기대된다. 옵티머스는 아직 개발 초기 단계에 있지만, 테슬라의 인공지능 기술이 로봇 분야에도 적용될 수 있음을 보여주는 상징적인 제품으로 평가받고 있다. 테슬라봇을 제작하는 데 있어서도 테슬라는 기성품이 없었기 때문에 모든 것을 직접 만들어 사용하면서 효율성과 효과성을 동시에 달성하는 최고의 수직통합 기업으로 탄생했다. 테슬라는 지금까지 우리가 보지 못했던 새로운 혁신의 아이콘을 만들어가고 있는 것이다.

테슬라가 인수합병M&A나 전략적 제휴를 통하지 않고, 독자적 기술과 개발 방식으로 반도체, 슈퍼컴퓨터, 로봇을 직접 만든다는 것은 놀라운 일이 아니다. 이것이 가능했던 이유는 우주항공 회사인 스페이스엑스에서 이미 모든 부품을 스스로 만들었던 노하우와, 테슬라도 전기차를 만들 때 기성품이 없는 모든 부품은 직접 설계하고 만든 경험이 있기 때문이다.

테슬라는 전기차 생산시설부터 시작해서 에너지 저장장치, 그리고 로봇과 인공지능에 이르기까지 모든 것을 수직 계열화하겠다는 야심을 드러낸 것이다.

슈퍼컴퓨터 '도조'와 자율주행의 완성

'도조Dojo'는 2022년 1월에 공개되었으며, AI 머신 러닝ML, 특히 자율주행 차량에서 나오는 비디오 데이터를 사용한 비디오 훈련Training을 위해 구축된 테슬라의 맞춤형 슈퍼컴퓨터 플랫폼이다. 테슬라는 슈퍼컴퓨터 도조를 위해 'D1'으로 부르는 칩을 자체 개발했다.

슈퍼컴퓨터 도조는 이러한 D1칩 3,000개를 조합해 초당 100경 번 연산이 가능한 1.1엑사플롭스exaFLOP급 성능을 제공한다. 도조는 네트워크 패브릭으로 연결된 분산 컴퓨팅 아키텍처이며 대규모 컴퓨팅 플레인, 짧은 지연 시간을 가진 매우 높은 대역폭, 파티션 분할과 매핑된 형태로 설계됐다. 테슬라 측은 서버용 칩과 통합 시스템, 컴퓨팅 클러스터와 이를 구동하는 소프트웨어까지 모두 독자 설계해 완성했다고 밝혔다.

도조는 테슬라의 자율주행차에 대한 훈련 데이터를 처리하고, 자율주행차의 알고리즘을 개발하는 데 사용된다. 최종적으로 테슬라 전기차에 장착된 자율주행FSD·Full Self-Driving 컴퓨터를 거쳐 실제 차량 운행에 활용되지만, 중간 처리 과정에서 최상의 AI 학습 성능을 제공하기 위해 테슬라가 독자 설계한 자율주행 신경망 처리 슈퍼컴퓨터 '도조Dojo'가 대용량 정보 처리를 맡는다.

테슬라는 2023년 7월부터 슈퍼컴퓨터 '도조Dojo'를 본격 생산하기 시작했다. 도조는 1,800개의 TPUv4 칩으로 구성되어 있으며, 연산 능력은 1.56엑사플롭스이다. 도조는 자율주행 기술 개발에 주로 사용될 예정이며, 테슬라의 자율주행 기술을 한 단계 끌어올릴 것으로 기대를 모으고 있다.

그리고 테슬라는 2024년 10월에는 100엑사플롭스Exa-Flops, 1초에 1만경 번 연산의 연산 능력을 갖춘 어메이징 한 컴퓨팅 파워를 달성한다는 계획을 세워놓았다. 이는 도조 슈퍼컴퓨터의 능력을 16개월 후에 100배 수준으로 만들겠다는 것이다. 그 정도 성능이 되려면 엔비디아 A100 GPU를 30만 개를 합쳐야 하는 수준이다.

테슬라가 목표한 대로 도조가 백 엑사플러스 능력을 갖추게 된다면, 현재 모든 사람이 놀라고 있는 챗GPT를 훈련시키는 데 한 시간 정도밖에 걸리지 않는다고 한다. 100억 개에서 200억 개 수준의 파라미터는 한두 시간 안에 다 처리할 수 있는 능력이 된다는 것인데 매우 뛰어난 슈퍼컴퓨터가 탄생하는 것이다.

도조는 테슬라의 자율주행차 개발을 더욱 가속화시킬 것으로 기대된다. 테슬라는 도조를 통해 자율주행차의 성능을 향상시키고, 자율주행차의 출시 시기를 앞당길 수 있을 것이다.

테슬라 로봇, '옵티머스'

2021년 8월 19일, 이날 행사에서 머스크는 테슬라는 앞으로 "인공지능 설계 및 훈련에 관한 세계 최고 수준의 소프트웨어, 하드웨어 기술을 탐구하는 기업"이 될 것이라 선언했다. 테슬라는 단순한 전기 자동차 회사가 아니며 인공지능을 접목할 수 있는 모든 산업 분야에 진출하겠다는 야심 찬 계획을 공식 석상에서 발표한 것이다. 일론 머스크는 테슬라의 'AI Day' 행사에서 테슬라의 새로운 로봇 옵티머스Optimus Robot를 처음 공개했다. 하지만 테슬라봇은 아직 미완성이고 움직임도 어색해 일반인들에겐 반응이 좋지는 않았다.

2022년 10월 1일, 테슬라는 더 발전된 휴머노이드 로봇 옵티머스의 프로토타입을 공개했다. 이날 로봇 '옵티머스'는 직접 무대로 걸어 나와 손을 흔드는 모습을 보여줬다. 프레젠테이션에서는 옵티머스가 박스를 옮기거나 식물에 물을 주는 등의 일을 하는 모습을 담은 영상을 보여주기도 했다. 테슬라 로봇 옵티머스라는 이름은 트랜스포머의 옵티머스 프라임에서 빌려온 것이라고 한다.

테슬라가 로봇을 개발하기 시작한 지 1년 만에 이루어낸 성취라는 점을 감안하면 테슬라가 로봇 업계를 뒤흔들 가능성이 높다. 옵티머스 로봇은 키가 약 170cm, 몸무게가 약 56kg이며, 최대 20kg의 물건을 들 수 있다. 옵티머스 로봇은 자율주행 기능을 갖추고 있으며, 다양한 작업을 수행할 수 있다. 머스크는 옵티머스의 휴머노이드 모양이 인간을 닮은 것에 대해 설명하면서 공장, 사무실, 가정의 모두 사람들을 위해 설계되었다고 설명했다. 그것은 크기와 무게가 다른 로봇의 경우 출입구를 통과하거나, 계단을 오르거나, 제어 장치에 도달하거나, 인간이 사용하기 위한 도구를 조작하는 데 어려움을 겪을 수 있다는 것을 의미한다. 테슬라는 옵티머스 로봇의 상용 출시를 2027년으로 목표하고 있다.

옵티머스 로봇이 출시되면 다양한 산업 분야에서 활용될 것으로 예상된다. 예를 들어 옵티머스 로봇은 물류 창고에서 물건을 옮기거나, 병원에서 환자를 돌볼 수 있으며 재난 구호 작업에도 활용될 수 있다. 옵티머스 로봇이 성공적으로 출시된다면 테슬라는 자동차 제조업체에서 로봇 제조업체로 변모하는 것이다. 2030년이 되면 옵티머스가 전기 자동차를 넘어서는 테슬라의 대표 상품이 될 것이라는 전망을 내놓고 있는 전문가들이 많다.

| 일론 머스크의 미래 답안지 |

테슬라의 미래 전망

아직까지 대다수는 테슬라를 자동차 기업으로 인식하고 있지만, 사실 테슬라의 목표는 '지속 가능한 에너지 기업'이다. 앞에서 살펴보았지만 테슬라는 현재 전기차 시장뿐만 아니라 AI, 로봇, 에너지 분야에서도 혁신을 주도하고 있다. 테슬라가 AI·로봇·에너지 분야에서 쌓아온 기술력과 시장 점유율을 고려할 때, 이 세 가지 분야를 모두 아우를 수 있는 대체 기업을 떠올리기는 쉽지 않다.

1 AI 분야

테슬라는 자율주행 기술의 선두주자로, FSD 버전을 지속적으로 개선하고 있다. FSD 기술은 머신러닝과 딥러닝 알고리즘을 통해 도로 환경을 인식하고, 자율주행을 가능하게 할 것이다. 테슬라는 자율주행 기술을 훈련시키기 위한 전용 슈퍼컴퓨터 Dojo를 개발했다. Dojo는 대규모 데이터를 처리하고, 딥러닝 모델을 효율적으로 훈련시킬 수 있는 능력을 갖추고 있다.
테슬라는 지금도 전 세계 수백만 대의 차량에서 실시간으로 데이터를 수집하고 있다. 이러한 방대한 데이터는 자율주행 알고리즘을 지속적으로 개선하는 데 중요한 자산이다.

2 로봇 분야

테슬라는 사람과 상호작용할 수 있는 휴머노이드 로봇 옵티머스를 개발하고 있다. 이 로봇은 공장 자동화, 물류, 가정용 서비스 등 다양한 분야에서 활용될 수 있다. 테슬라는 AI, 배터리 기술, 센서 기술 등을 통합하여 로봇을 개발하고 있다. 이러한 통합된 기술 플랫폼은 다른 기업들이 쉽게 따라잡기 어려운 경쟁 우위를 제공한다. 테슬라는 기가팩토리와 같은 대규모 생산 시설을 통해 로봇을 대량으로 생산할 수 있는 능력을 갖추고 있다.

3 에너지 분야

테슬라는 Powerwall, Powerpack, Megapack 등의 에너지 저장 시스템을 통해 가정용 및 산업용 에너지 저장 솔루션을 제공한다. 테슬라는 태양광 패널과 태양광 지붕을 통해 재생 에너지 생산을 촉진하고 있는데, 자체 개발한 4680 배터리 셀을 통해 에너지 밀도를 높이고 비용을 절감하며 주행 거리를 늘리고 있다. 또한 테슬라는 전기차, 에너지 저장, 태양광 패널을 통합하여 종합적인 에너지 솔루션을 제공하고 있다. 이는 에너지 생태계를 포괄적으로 혁신하는 데 중요한 역할을 한다.

Chepter 6

솔라시티와 지속가능한 에너지

솔라시티SolarCity는 태양광 에너지 회사로, 테슬라의 자회사이며 주택, 기업, 정부에 태양광 시스템을 제공한다. 이 시스템을 통해 고객이 지속 가능한 에너지를 활용할 수 있도록 지원한다.

솔라시티의 주요 비즈니스 모델은 태양열 패널을 설치하고, 이 패널을 통해 발전된 전기를 고객에게 판매하는 것이다. 일반적으로 이러한 설치 비용은 매우 높지만, 솔라시티는 장기 임대 계약을 통해 초기 설치비용을 줄여준다. 이러한 방식은 태양광 에너지를 이용하려는 고객들이 초기 비용 장벽을 극복할 수 있게 해주는 장점이 있다.

솔라시티는 미국에서 가장 큰 태양광 발전 회사 중 하나이며, 전 세계적으로 20만 개 이상의 태양광 발전 시스템을 설치했다. 솔라시티와 같은 기업들의 작업은 지속 가능한 에너지의 확산에 크게 기여한다. 태양광 에너지는 재생 가능하며, 태양광 발전 시스템은 이산화탄소나 기타 온실 가스를 방출하지 않기 때문에 환경친화적이다. 이렇게 태양광 에너지는 전 세계적으로 사용되는 에너지의 한 축을 담당하고 있으며, 기후 변화를 완화하는데 큰 역할을 하고 있다.

일론 머스크는 솔라시티와 테슬라를 통해 지속 가능한 에너지를 확산하고자 하는 비전을 가지고 있다. 그는 태양광 발전 시스템과 전기 자동차, 배터리를 결합하여 환경오염을 줄이고 에너지 자립성을 높이고자 한다. 그는 또한 이러한 제품들을 대중화하기 위해 가격을 낮추고 디자인을 개선하고자 한다.

태양 에너지 회사 '솔라시티' 공동 설립

일론 머스크는 2006년 사촌인 린든 라이브, 피터 라이브와 함께 '솔라시티SolarCity'를 공동 설립했다. 솔라시티는 태양광 패널을 제조 및 설치하는 태양광 발전 시스템 설치 회사다. 솔라시티는 고객들에게 태양광 패널을 임대하거나 할부로 판매하는 비즈니스 모델을 채택했다. 머스크는 솔라시티를 설립한 이유에 대해 "지구 온난화와 대기 오염을 줄이기 위해서"라고 말했다. 이 회사는 주로 주거 및 상업용 고객에게 태양광 에너지 시스템을 제공하고 태양광 패널 설치, 금융 옵션 및 유지보수 서비스를 제공하는 데 주력했다. 이 회사의 사명은 지속 가능한 에너지로의 세계 전환을 가속화하는 것이다.

머스크는 솔라시티의 CEO로 재직하면서 솔라시티를 세계적인 태양 에너지 회사로 성장시켰다. 머스크는 온실가스 배출을 줄이는 데 크게 기여할 수 있는 깨끗하고 재생 가능한 전력 공급원으로서 태양광 에너지의 잠재력을 인식했다. 솔라시티 사업은 접근 가능한 태양광 에너지, 종합적인 서비스 제공, 혁신적인 금융 모델, 광범위한 시장 확대, 지속 가능한 비전을 통해 빠르게 성장하며 북미에서 가장 큰 태양광 설치 회사 중 하나로 자리매김했다.

접근 가능한 태양광 에너지

솔라시티는 태양광 발전을 활용하여 전력을 생산한다. 건물, 도로, 주차장 등에 태양광 패널을 설치하여 태양으로부터 에너지를 추출한다. 이러한 방식으로 생산된 전력은 도시 내에서 사용되는 전력의 일부 또는 전부를 충당할 수 있다.

솔라시티는 고객이 초기 설치 비용을 부담하지 않고도 태양광 패널을 설치할 수 있는 리스 및 구매 계약PPA 모델을 제공한다. 고객은 월간 요금을 지불하면서 태양광 시스템을 사용할 수 있다. 이러한 모델은 고객이 태양광 에너지를 통해 에너지 비용을 즉시 절감할 수 있게 했으며, 이는 고객 유치에 중요한 역할을 한다.

솔라시티는 골드만삭스Goldman Sachs와 같은 금융 기관과 제휴하여 자금을 조달하고, 고객이 초기 비용 부담 없이 태양광 시스템을 설치할 수 있도록 지원하며, 미국 전역에 걸쳐 광범위한 설치 네트워크를 구축하여 다양한 지역에서 서비스를 제공한다. 주택뿐만 아니라 상업용 건물에도 태양광 시스템을 설치하여 다양한 시장에서 입지를 다졌다.

에너지 저장 시스템

솔라시티에서는 에너지 저장 시스템을 구축하여 발전된 전력을 저장할 수 있다. 이는 태양광 발전이 일정하지 않은 경우나 수요가 높은 시간대에 전력을 사용할 수 있도록 도움을 준다. 에너지 저장 시스템은 전기 자동차 충전소, 가정용 전력 공급 등에 활용된다. 솔라시티는 테슬라의 배터리 기술을 활용하여 효율적인 에너지 저장 시스템을 구축했다. 이는 테슬라의 '파워월Powerwall' 및 '파워팩Powerpack'과 같은 제품을 통해 구현되었다. 파워월 및 파워팩은 태양광 발전이 부족한 밤이나 날씨가 흐린 날에도 안정적인 전력 공급이 가능하게 해준다.

스마트 그리드 시스템

'스마트 그리드Smart Grid'는 전력 공급과 수요를 실시간으로 모니터링하고 조정하고, 전력 사용량에 대한 정보를 주민에게 제공하여 에너지 절약을 도모하는 전력 네트워크 관리 시스템이다.

솔라시티는 가정과 상업용 건물에 태양광 패널과 에너지 저장 시스템을 설치하고 이를 스마트 그리드에 통합했다. 솔라시티는 이 시스템을 통해 전력 손실을 줄이고 전력 공급의 안정성을 높이고 있다. 또한 이 시스템을 통해 전력 수요가 높은 시간대에 소비를 줄이고, 전력 수요가 낮은 시간대에 에너지를 저장하는 수요 반응 프로그램을 운영한다. 전력 사용 데이터를 실시간으로 분석하여 최적의 에너지 사용 패턴을 제시하고, 에너지 효율성을 높인다.

친환경 교통수단

솔라시티는 전기 자동차 충전 인프라를 설치하고, 자전거 도로를 조성하여 전기 자동차와 자전거를 이용하는 사람들에게 편의를 제공하고 있으며, 캘리포니아 전역에 걸쳐 수백 개의 전기차 충전소를 설치했다.

이 충전소들은 주차장, 쇼핑몰, 공공건물 등 접근성이 좋은 곳에 위치해 있다. 사용자들이 빠르게 충전할 수 있도록 고속 충전기를 도입하여, 충전 시간이 짧아지고 전기차 사용의 편의성이 증대되었다. 또한 태양광 패널을 설치하여 충전소에 필요한 전력을 재생 가능 에너지로 충당, 전기차 충전이 더욱 친환경적으로 이루어질 수 있도록 했다.

솔라시티는 캘리포니아뿐만 아니라 미국 전역에 전기 자동차 충전 인프라 설치와 자전거 도로 조성을 통해 친환경 교통수단의 이용을 촉진하고, 대기 오염을 개선하는 데 큰 역할을 하고 있다. 이러한 노력들은 지속 가능한 도시 교통 환경을 구축하는 데 기여하고 있으며, 다른 도시 및 지역에서도 벤치마킹할 만한 성공적인 사례로 평가받고 있다.

테슬라의 '솔라시티' 인수

2016년에 테슬라는 '솔라시티SolarCity'를 약 26억 달러에 인수했다. 이 인수는 지속 가능한 통합 에너지 생태계를 구축하려는 머스크의 광범위한 비전의 일환으로 전기 자동차 및 에너지 저장에 대한 테슬라의 전문성과 솔라시티의 태양 에너지 솔루션을 결합하여 다양하고 지속 가능한 솔루션을 제공할 수 있는 종합적인 청정에너지 회사를 만드는 것이 머스크의 목표였다.

인수 후 솔라시티는 테슬라에너지로 사명을 변경하고 테슬라의 한 사업부가 되었다. 이 회사는 태양 에너지 발전에 계속 집중하고 태양열 지붕, 태양열 패널, Powerwall과 같은 에너지 저장 솔루션을 포함하도록 제품군을 확장했다. 일론 머스크는 2019년 3분기 실적 보고회에서 다음과 같이 말했다.

> "테슬라에너지 사업의 성장 가능성에 대해 제대로 된 이해나 평가가 되지 않고 있다고 생각합니다. 장기적으로는 에너지 사업이 자동차와 거의 비슷한 규모가 될 거라고 생각합니다."

일론 머스크의 리더십 아래 솔라시티는 지속적으로 성장하고 혁신해 왔다. 이 회사는 더 효율적이고 저렴한 새로운 태양광 패널 기술을 개발했으며 호주, 캐나다, 영국에서 프로젝트를 진행하며 국제적으로 사업도 확장했다. 현재 테슬라에너지는 미국에서 가장 큰 태양 에너지 회사 중 하나다.

테슬라에너지는 대규모의 태양광 패널과 에너지 저장 시스템을 여러 지역에 설치했다. 특히 미국의 몇몇 주, 캘리포니아의 모하비 사막, 텍사스의 엘파소, 네바다의 라스베이거스, 애리조나의 챈들러, 유타의 세인트 조지 등에서는 많은 태양광 패널이 설치되었다. 여기서 모하비 사막의 태양광 발전소는 미국에서 가장 큰 태양광 발전소 중 하나이며, 테슬라에너지의 기술력을 보여주는 대표적인 사례다.

이 태양광 발전소는 2014년에 완공되었으며, 약 100만 개의 태양광 패널로 구성되어 있다. 연간 약 3,000만 킬로와트의 전력을 생산할 수 있으며, 이는 약 10만 가구의 전력 수요를 충당할 수 있는 규모다.

모하비 사막의 태양광 발전소는 약 430만 평으로 잠실종합운동장의 35배, 뉴욕 센트럴파크의 4배에 달하는 면적으로 우주에서도 보일 만큼 광대한 규모다. 수십만 개의 태양광 패널이 모여있는 장관은 모하비 사막의 황량한 풍경과 어우러져 독특한 분위기를 연출한다. 모하비 사막의 태양광 발전소는 관광 명소로도 자리 잡았으며, 매년 수백만 명의 관광객들이 찾고 있다.

테슬라에너지는 미국 전역에 태양광 발전소를 설치하고 있다. 미국 외에도 테슬라에너지는 호주의 사우스오스트레일리아에 위치한 '혐데일Hornsdale 에너지 저장 프로젝트'와 같은 대규모의 에너지 저장 프로젝트를 성공적으로 수행했다. 이 프로젝트는 세계 최대의 리튬이온 배터리 에너지 저장 시스템으로 풍력 발전을 통해 생성된 에너지를 저장하는 역할을 하고 있다.

솔라루프와 파워월 & 메가팩

테슬라에너지는 지속 가능한 에너지를 제공하고 에너지 저장 솔루션을 통해 전력 사용의 효율성을 극대화하는 것을 목표로 다양한 제품을 개발하고 있다. 그중에서도 솔라루프Solar Roof, 파워월

Powerwall, 메가팩Megapack이 대표적인 제품이다.

지붕형 태양광 발전 시설, '솔라루프'

"전기차가 매력적인 제품으로 변한 것처럼, 태양광 패널도 멋지게 변해야 한다."

— 일론 머스크

'솔라루프Solar Roof'는 일반 지붕과 비슷해 보이지만 태양전지가 내장되어 있는 테슬라에너지에서 개발한 태양열 지붕이다. 솔라루프는 2017년에 판매되기 시작했다. 이 제품은 전통적인 태양열 패널을 사용하는 대신, 실제 지붕 자체가 태양열에너지를 수집하는 기능을 가진 지붕 타일로 구성되어 있다. 솔라루프는 전통적인 지붕처럼 보이고 기능하도록 설계된 동시에 태양광으로부터 전기를 생산한다. 이 '태양열 타일'은 눈에 띄지 않고 집 지붕과 조화를 이루기 때문에 기존 태양열 패널보다 미학적으로 아름다워 집의 경관을 돋보이게 한다.

솔라루프는 여러 종류의 스타일과 다양한 색상의 디자인으로 제공되기에 집의 외관에 맞게 선택할 수 있다. 각 타일은 강화 유리로 제작되어 있어 일반적인 지붕 타일보다 훨씬 오래 지속되며, 강한 바람이나 비, 심지어는 큰 우박에도 잘 견딜 수 있다. 또한, 솔라루프는 일반 지붕과 동일한 방식으로 설치되기 때문에 기존 지붕을 교체할 필요가 없고 집의 가치를 높이는 효과가 있다. 이는 테슬라가 제안하는 전체 에너지 솔루션의 일부로, 단순히 태양열 패널을 지붕 위에 설치하는 것이 아니라 지붕 자체를 에너지 수집 장치로 바꾸는 것을 목표로 한다.

솔라루프가 설치되어 있는 주택 소유주는 전력 비용의 70% 이상을 절감할 수 있었으며, 잉여 전력을 전력망에 판매하여 추가 수익을 창출하고 있다고 한다.

에너지 저장 시스템, '파워월' & '메가팩'

'파워월Powerwall'은 솔라루프에서 생산된 전기를 저장하고, 전력망이 중단되었을 때 전기를 공급하는 시스템이다. 이 제품은 태양광 발전 시스템에 연결하여 에너지를 저장했다가 필요할 때 사용할 수 있는 가정용 충전식 리튬이온 배터리다. 태양광 패널이나 솔라루프와 결합하면 낮에는 태양 에너지를 수집하고 저장하며, 밤에는 그 에너지를 사용한다. 이 장치는 정전 시 백업 전원으로도 사용 가능하며, 에너지 자립도를 높이고 전력 비용을 절감하는 데 도움을 준다. 파워월은 미국뿐 아니라 전 세계적으로 퍼져나가고 있다.

'메가팩Megapack'은 대규모 전력 저장 시스템으로 파워월보다 용량이 훨씬 크다. 메가팩은 대규모 에너지 저장장치로 주로 전력망에 사용되며, 전력망의 안정성을 높이고, 전력 수요를 줄이는 데 도움이 된다. 또한 메가팩은 태양광 발전과 풍력 발전과 같은 재생 가능 에너지의 발전을 확대하는 데에도 도움을 준다. 여러 개의 대형 배터리 모듈로 구성되어 있어 대규모 전력을 저장하고 필요한 시기에 공급할 수 있다.

테슬라에너지의 이런 제품들은 환경친화적인 에너지 사용을 촉진하고, 기존의 전기 유통 네트워크에 의존하지 않고도 전력을 공급할 수 있는 수단을 제공함으로써, 지속 가능한 에너지의 미래를 구현하는 데 도움을 주고 있다.

지속 가능한 에너지 솔루션을 만드는 '테슬라에너지'

'테슬라에너지Tesla Energy'는 테슬라 자동차의 에너지 부문으로, 지속 가능한 에너지 해결책의 제공에 초점을 맞추고 있다. 에너지 생산, 에너지 저장, 에너지 공급 네트워크를 완결하는 것이 이 사업의 목표다.

AI 기반 가상 발전소, '오토비더'

'오토비더Autobidder'는 테슬라가 개발한 AI 기반 소프트웨어 플랫폼으로, 에너지 시장에서 가상 발전소Virtual Power Plant, VPP를 운영하는 데 사용된다. 이 시스템은 에너지 저장장치ESS와 태양광 발전소와 같은 분산형 에너지 자원을 자동으로 관리하고 최적화하여 전력망에 전력을 공급한다.

오토비더는 전력 수요와 공급을 실시간으로 모니터링하고, 전력 수요를 예측하여 전력 공급을 조절하며, 전력 손실을 줄이고 전력 공급의 안정성을 높인다. 또한, 태양광 에너지와 풍력 에너지를 전력망에 공급하여 전력 수요를 충당할 수 있다.

AI 기반 가상 발전소는 태양광, 풍력, 수력 등 다양한 에너지 생산 방식의 출력을 동시에 모니터링하고 관리하여, 전력 공급을 최적화할 수 있다. AI 기술을 통해 미래의 에너지 수요를 예측하고 그에 따라 에너지 공급을 조절하는 것이다. 한 마디로 오토비더는 전기차 또는 파워월을 움직이는 전기 저장소ESS로 만들어 남는 전기를 거래하는 플랫폼이다.

일론 머스크는 자동차 제조업체의 에너지 부문인 테슬라에너지가 '분산형 글로벌 유틸리티'가 되어 자동차 사업을 능가할 수 있다고 말했다.

전기를 파는 전기 소매업체 '테슬라일렉트릭' 출시

테슬라에너지는 전기 에너지 판매에도 진출하고 있다. 테슬라의 자회사인 테슬라에너지벤처Tesla Energy Ventures는 2022년 12월, 전력 소매 브랜드 '테슬라일렉트릭Tesla Electric'을 출범시켰다. 테슬라일렉트릭은 미국 텍사스주 오스틴에 본사를 두고 있으며, 미국 전역에서 전기 에너지를 판매하고 있다.

이 브랜드는 테슬라의 에너지 제품들과 결합하여 주택 및 기업에 전력을 공급하는 것을 목표로 하고 있다. 테슬라일렉트릭은 태양광 패널, 에너지 저장 시스템, 그리고 스마트 에너지 관리 소프트웨어를 통해 고객들에게 보다 효율적이고 경제적인 에너지 솔루션을 제공한다.

출범 초기부터 많은 고객, 특히 테슬라 차량 소유자들이 에너지 솔루션을 적극적으로 도입했다. 텍사스주를 시작으로 서비스가 점차 확대되어, 현재는 다른 주 및 국가에서도 테슬라일렉트릭 서비스가 제공되고 있다.

현재 미국의 텍사스주나 캘리포니아주의 고객들은 주정부의 재생 에너지 지원 프로그램과 결합하여 태양광 패널과 파워월 설치 비용을 절감하였으며, 자가 생산한 전력 판매를 통해 추가 수익을 창출하고 있다. 특히 전력 사용량이 많은 여름철에 전력망에 판매한 전력으로 인해 상당한 수익을 올린 사례가 다수 보고되었다.

| 일론 머스크의 미래 답안지 |

스마트 에너지 관리

테슬라가 전기차 시장을 넘어 에너지 산업의 혁신을 이끌고 있다. 테슬라는 단순히 전기차 제조사로 시작했지만, 에너지 부문에서도 상당한 영향력을 발휘하고 있는 것이다. AI와 머신러닝, 스마트 그리드, 분산형 에너지 저장 시스템ESS을 융합하여 구현하는 스마트 에너지 관리 프로젝트는 테슬라의 미래를 밝히는 중요한 축이다. 테슬라에너지는 이를 통해 전 세계의 에너지 소비 패턴을 최적화하고, 재생 에너지 통합을 확대하며, 전력망의 안정성을 강화하고 있다.

1 AI와 머신러닝을 통한 에너지 소비 예측 및 최적화

테슬라에너지는 AI와 머신러닝 알고리즘을 활용하여 개별 가정 및 건물의 에너지 소비 패턴을 정교하게 분석한다. 과거의 소비 데이터, 실시간 전력 사용량, 기상 조건, 요일별 패턴 등 다양한 변수를 종합적으로 고려하여 미래의 에너지 수요를 예측하고, 이에 맞춰 에너지 생산 및 소비를 최적화한다.

- 예측 정확도 향상 : AI 모델은 방대한 데이터를 학습하여 예측 정확도를 지속적으로 향상시킨다. 이를 통해 불필요한 에너지 낭비를 줄이고, 피크 시간대의 전력 부하를 완화할 수 있다.
- 맞춤형 에너지 관리 : 개별 고객의 에너지 사용 패턴에 맞춰 맞춤형 에너지 관리 서비스를 제공한다. 예를 들어 출퇴근 시간대에 집중적으로 에너

지를 사용하는 가정에는 피크 시간대 요금 할인 프로그램을 제공하고, 태양광 발전 시스템을 보유한 가정에는 자가소비를 극대화하는 방안을 제시한다.

- 실시간 에너지 최적화 : 실시간으로 변화하는 에너지 시장 상황에 맞춰 에너지 생산 및 소비를 유연하게 조절한다. 예를 들어 전력 가격이 저렴한 시간대에 배터리에 에너지를 저장하고, 전력 가격이 높은 시간대에 저장된 에너지를 사용하여 전기료를 절감한다.

2 스마트 그리드와의 연동을 통한 에너지 시스템 안정화

테슬라는 자사의 에너지 저장 시스템인 메가팩과 파워월을 통해 스마트 그리드와의 연동을 강화하고 있다. 스마트 그리드는 양방향 에너지 흐름을 가능하게 하여 에너지 생산자와 소비자 간의 상호 작용을 활성화하고, 전력망의 안정성을 높이는 데 기여한다.

- 주파수 조정 : 메가팩은 전력망의 주파수 변동을 감지하고 빠르게 반응하여 주파수를 안정화시킨다. 이는 발전소와 부하 간의 불균형으로 인한 전력망 붕괴를 예방하는 데 중요한 역할을 한다.
- 피크 부하 완화 : 피크 시간대에 메가팩에 저장된 에너지를 방출하여 전력망의 부하를 완화하고, 블랙아웃 발생 가능성을 줄인다.
- 재생 에너지 통합 확대 : 변동성이 큰 재생 에너지의 출력을 안정화시키고, 전력망에 원활하게 통합하는 데 기여한다.

3 분산형 에너지 저장 시스템을 통한 에너지 자립성 강화

테슬라의 분산형 에너지 저장 시스템은 개별 가정이나 건물에 설치되어 에너지 자립성을 높이는 데 기여한다. 태양광 발전으로 생산된 에너지를 저장하고, 필요한 시기에 사용함으로써 전력망 의존도를 낮추고, 자연재해 발생 시에도 안정적인 에너지 공급을 보장한다.

- 비상 전원 : 정전 발생 시 메가팩이나 파워월에 저장된 에너지를 활용하여 비상 전원으로 사용할 수 있다.
- 미니 전력망 구축 : 여러 가구 또는 건물에 분산형 에너지 저장 시스템을 연결하여 마이크로 그리드를 구축할 수 있다. 마이크로 그리드는 독립적으로 운영될 수 있으며, 대규모 정전 발생 시에도 지역 사회에 안정적인 에너지를 공급할 수 있다.

테슬라에너지는 북미를 넘어 유럽과 아시아 시장으로 서비스를 확장하고 있다. 테슬라가 호주 남부에 설치한 '호른스데일 파워 리저브Hornsdale Power Reserve'는 세계에서 가장 큰 리튬이온 배터리 시스템 중 하나로, 재생 에너지를 저장하고 전력망의 안정성을 유지하는 데 중요한 역할을 한다. 이 시스템은 주로 태양광 및 풍력 발전소에서 생성된 전력을 저장하며, 전력 수요가 급증할 때나 발전소의 전력 공급이 부족할 때 전력망에 전력을 공급함으로써 전력망의 안정성을 크게 향상시킨다.

호주 남부 지역은 전력 공급의 불안정성으로 인해 종종 정전 사태를 겪었다. 이에 따라 호주 정부는 전력망의 안정성을 강화하기 위해 새로운 솔루션을 모색하던 중, 테슬라의 대형 리튬이온 배터리 시스템을 도입하기로 결정했다. 이 프로젝트는 2017년에 시작되었으며, 일론 머스크가 100일 내에 프로젝트를 완성하지 못할 경우 무료로 제공하겠다는 약속으로 유명해졌다.

호른스데일 파워 리저브는 총 100MW의 출력과 129MWh의 에너지 저장 용량을 자랑하며, 이는 대규모 정전 상황에서도 중요한 역할을 한다. 배터리 시스템은 기존의 화석 연료 기반의 백업 발전소보다 훨씬 더 빠르게 전력을 공급할 수 있어, 전력 수요의 급증이나 공급의 불균형 상황에서도 전력망의 안정성을 유지한다.

테슬라에너지가 제공하는 스마트 에너지 관리 시스템은 전력망의 안정성뿐만 아니라 사회적, 경제적 측면에서도 긍정적인 영향을 미치고 있다. 전력망의 효율성을 높여 전력 비용을 줄이는 동시에, 재생 에너지의 활용을 확대하여 탄소 배출량을 줄이는 데 기여하고 있다.

테슬라에너지는 AI, 머신러닝, 스마트 그리드, 분산형 에너지 저장 시스템을 기반으로 지속적인 성장을 이어갈 것으로 예상된다. 특히 전기차 보급 확대와 함께 에너지 저장 시장의 성장이 가속화될 것으로 전망되며, 테슬라는 이러한 시장 변화를 선도하며 글로벌 에너지 시장의 판도를 바꾸는 데 기여할 것으로 기대된다.

테슬라의 비전은 '지속 가능한 에너지로의 전환 가속화'로, 이는 단순히 제품 판매에 그치지 않고 전 세계 에너지 시스템의 패러다임을 변화시키는 것을 목표로 하고 있다.

Chepter 7

하이퍼루프 운송 기술

하이퍼루프hyperloop는 튜브 내부에서 진공 상태를 유지하고, 승객이 탑승한 캡슐을 공기 저항을 최소화하여 고속으로 운행하는 교통 시스템이다. 하이퍼루프는 일론 머스크가 최초로 제안을 했고 현재 개발 단계에 있으며, 아직 상용화되지는 않았지만 기존의 교통 시스템보다 빠르고 효율적인 교통수단으로 기대되고 있다. 하이퍼루프가 상용화되면 장거리 이동 시간이 크게 단축되고, 에너지 소비가 줄어들 것으로 예상된다. 또한, 하이퍼루프는 기존의 교통 시스템보다 안전할 것으로 기대된다.

고속 교통 시스템에 대한 머스크의 제안

'하이퍼루프'는 오픈 소스 프로젝트

2012년, 일론 머스크는 고속 운송 시스템인 '하이퍼루프hyperloop'에 대한 아이디어를 공개했다. 초고속 여행에 대한 아이디어가 공개되자 대부분의 사람들에게는 공상 과학 소설에서나 볼 수 있는 '순간 이동'과 같은 먼 미래의 개념처럼 보였다. 하지만 머스크의 발표는 많은 관심을 받았다.

논의가 시작되면서 학계와 산업계의 많은 사람이 하이퍼루프의 가능성을 알아보았고, 여러 회사가 자체 하이퍼루프 개념을 개발하기 시작했다. 하이퍼루프는 전통적인 철도나 고속 열차 시스템에 비해 훨씬 빠른 속도와 더 낮은 비용으로 대중교통과 화물 운송을 처리하는 가능성이 높다는 결론이 내려졌다.

하이퍼루프는 진공 상태의 튜브를 따라 캡슐을 운행하는 방식으로 작동한다. 캡슐은 진공 상태의 튜브에서 공기 저항을 받지 않고, 자기부상 방식을 적용하기 때문에 매우 빠르게 이동할 수 있다. 일론 머스크는 이러한 혁신적인 아이디어를 빠르게 현실로 구현하기 위해 특허등록을 하지 않고, 2013년 스페이스X의 엔지니어들과 함께 57쪽 분량의 기술 논문 '하이퍼루프 알파Hyperloop Alpha'를 발표했다. 사실상 하이퍼루프는 리눅스와 같은 방식으로 오픈 소스 프로젝트가 된 것이다.

이 백서에는 하이퍼루프 시스템을 구축하기 위해 극복해야 할 기술적 과제가 설명되어 있으며, 하이퍼루프 시스템의 비용도 추정되어 있다. 머스크의 이러한 오픈 소스 방식의 결정은 하이퍼루프의 개발을 가속화하는 데 큰 도움이 되었다.

하이퍼루프를 이용하면 현재 자동차로 6시간 이상 걸리는 로스앤젤레스에서 샌프란시스코 구간을 30분 만에 이동할 수 있다. 만약 서울과 부산 사이에 하이퍼루프가 정상 가동된다면 소요시간은 20분에 불과할 것이다. 비행기보다 2배 빠르고 고속 열차보다는 4배나 빠른 속도다.

하이퍼루프 알파 발표 후, 전 세계의 많은 기업과 연구기관들이 하이퍼루프 개발에 참여하기 시작했고, 하이퍼루프의 개발과 구현에 많은 혁신과 발전이 이루어지고 있다. 현재 하이퍼루프를 개발하고 있는 기업은 100개가 넘으며, 이 중 일부는 이미 시범 운행을 하고 있다. 실제로 지금 아랍에미리트와 인도에서는 도시와 도시를 연결하는 대형 건설 프로젝트가 실행 단계로 접어들었다.

하이퍼루프 운송 기술의 탄생 이유

머스크는 하이퍼루프 아이디어를 떠올린 이유에 대해 다음과 같이 설명했다.

"나는 샌프란시스코에서 LA로 가는 데 6~7시간이 걸리는 것을 보고, 교통 체증에 대한 해결책을 찾고 싶었습니다. 하이퍼루프는 기존의 교통수단보다 빠르고 안전하며, 친환경적입니다. 또한 건설 비용이 저렴하고, 건설 속도가 빠릅니다. 이러한 장점 때문에 하이퍼루프는 교통의 미래를 바꿀 수 있는 잠재력이 있다고 생각합니다."

또한 일론 머스크가 하이퍼루프를 제안한 것은 캘리포니아 고속철도 프로젝트에 대한 그의 실망으로 시작되었다. 그는 이 프로젝트가 너무 비싸고 느리며, 기술적으로도 별로 혁신적이지 않다고 생각했다. 그래서 그는 SF 소설에서 본 '특정한 형태의 튜브 내에서 고속 이동'이라는 아이디어를 갖게 되었고, 이것이 하이퍼루프라는 개념으로 발전하게 되었다.

하이퍼루프는 매우 빠른 이동 수단으로, 이론적으로는 시간당 760마일약 1,223km까지 속도를 낼 수 있는 미래의 운송 수단이다. 이 기술은 터널 내 진공 상태에서 마그네틱 레비테이션마그넷에 의한 부력 기술을 활용하여 캡슐 형태의 차량을 굴러가게 하는 것을 기반으로 한다.

하이퍼루프는 오염 물질 배출을 하지 않는 친환경 열차다. 터널의 외벽에 태양광 패널을 설치하여 태양열을 연료로 이용하기 때문이다. 하이퍼루프의 가속에 사용되는 '선형 유도 모터'는 외벽의 태양광 패널을 이용해 충전되기 때문에, 에너지 소비량이 항공기의 8%, 고속철도의 30% 수준이라고 한다. 이러한 이유로 탄소 배출을 줄이는 환경친화적인 교통수단이라는 평가를 받고 있다. 또한 기존 고속철도에 비해 건설비를 약 90% 줄일 수 있으며, 속도와 환경 거기다 비용 절감까지 다양한 효과를 기대할 수 있다.

이러한 이유로 하이퍼루프 개념을 구상한 머스크는 "안전하다. 빠르다. 비용이 저렴하다. 편리하다. 날씨와 상관없이 운행할 수 있다. 지속적인 동력으로 운행한다. 지진에 대한 내구성을 갖추었다. 경로 근처의 사람이 불편하지 않다"라는 말을 하며 하이퍼루프가 가장 이상적인 교통수단이라고 주장했다.

교통의 미래에 미칠 하이퍼루프 기술의 잠재적 영향

머스크는 교통의 혼잡 문제를 보고 하이퍼루프라는 개념은 매우 빠른 속도로 사람들과 화물을 이동시킬 수 있는 방법을 제공하므로, 이 문제를 해결하는 데 도움이 될 것이라고 생각했다.

현재의 대중교통 시스템은 시간이 많이 소요되며, 효율성이 떨어진다. 하이퍼루프는 이런 문제를 해결하고 대중교통을 혁신할 수 있는 방법을 제공한다. 하이퍼루프가 상용화되면 교통 체증과 환경 문제를 해결하는 데 큰 도움이 될 것이다. 하이퍼루프는 튜브 내부에만 운행하기 때문에, 교통사고가 발생할 가능성이 매우 낮다. 하이퍼루프 기술은 단순한 교통수단의 혁신을 넘어서, 경제, 사회, 환경 등 다양한 분야에 긍정적인 영향을 미칠 잠재력이 있다.

하이퍼루프 기술의 잠재적 영향

1 고속 이동과 시간 절약

하이퍼루프는 시속 1,000km 이상의 속도로 이동할 수 있는 기술로, 기존 교통수단에 비해 이동 시간을 획기적으로 단축시킬 수 있다. 이는 출퇴근 시간 단축과 더불어 비즈니스 및 관광 여행의 효율성을 크게 향상시킬 수 있다.

2 교통 혼잡 해소

하이퍼루프는 지하 또는 지상에 설치된 튜브를 통해 이동하므로 기존 도로나 철도와는 독립적으로 운영될 수 있다. 이는 도시 내 교통 혼잡을 줄이고, 기존 교통인프라의 부담을 경감시킬 수 있다.

3 환경친화적 교통수단

하이퍼루프는 전기로 구동되는 교통수단으로, 화석 연료를 사용하는 기존의 자동차나 항공기보다 훨씬 친환경적이다. 탄소 배출을 줄이고, 지속 가능한 에너지 사용을 촉진할 수 있다. 이는 기후 변화 문제 해결에 기여할 수 있으며, 더 깨끗하고 건강한 환경을 조성하는 데 도움이 된다.

4 경제적 효과와 새로운 산업 창출

하이퍼루프 기술의 개발과 도입은 새로운 산업과 일자리 창출을 촉진할 수 있다. 도시 간의 접근성이 향상됨에 따라 경제적 교류가 활발해지고, 새로운 경제 활동이 발생함으로써 지역 경제 발전에 기여할 수 있다.

❺ 도시와 교외 지역의 균형 발전

하이퍼루프는 도시와 교외 지역 간의 이동 시간을 크게 단축시켜, 도시 집중 현상을 완화하고 교외 지역의 발전을 촉진할 수 있다. 사람들이 도시 외곽에서 생활하면서도 도시 내 일자리와 서비스를 이용할 수 있게 되어, 생활의 질이 향상되고 지역 간 불균형이 해소될 수 있다.

❻ 비상시 신속한 대응과 구호 활동

하이퍼루프는 비상 상황에서 신속한 대응과 구호 활동을 지원할 수 있다. 재난이나 긴급 상황 발생 시 인원과 물자를 빠르게 이동시켜 피해를 최소화하고, 효율적인 구조 활동을 할 수 있다. 이는 국가와 지역의 재난 대응 역량을 크게 강화할 수 있다.

❼ 글로벌 연결성 강화

하이퍼루프는 국가 간, 대륙 간의 연결성을 강화하여 글로벌 이동성을 증대시킬 수 있다. 이는 국제 교류와 협력을 촉진하고, 세계 경제와 사회적 통합을 강화하는 데 기여할 수 있다. 특히, 국제적인 비즈니스와 문화 교류가 활발해질 것이다.

세계에서 건설되고 있는 하이퍼루프 프로젝트

2014년 11월, '하이퍼루프 트랜스포테이션 테크놀로지스HTT'가 캘리포니아 주에 본사를 두고 설립되었다. 이 회사는 2016년, 라스베이거스 컨벤션 센터 내에 약 1.6km 길이의 지하 터널을 건설하여 하이퍼루프 기술을 적용한 교통 시스템을 운영 중이다. 이 시스템은 승객을 빠르고 효율적으로 이동시키는 데 사용되고 있다.

2016년에는 '버진 하이퍼루프Virgin Hyperloop'가 설립되었다. 이 회사는 영국의 버진그룹Virgin Group 리처드 브랜슨Richard Branson이 세운 기업이다. 버진 하이퍼루프는 네바다 주에 500미터 길이의 테스트 트랙을 건설하여 여러 차례 성공적인 테스트를 수행했다. 2020년 11월, 버진 하이퍼루프는 최초로 승객을 태운 시속 170마일 속도의 시험 주행에 성공하여 기술의 안전성과 실현 가능성을 입증했다.

하이퍼루프 기술은 일론 머스크의 제안 이후 여러 회사에서 이 기술을 현실화하기 위해 노력하고 있다. 현재는 미국, 중국, 러시아, 인도 등 여러 국가에서 개발이 진행되고 있다.

하이퍼루프의 개발은 아직 초기 단계에 있지만, 이 기술의 잠재력에 대한 많은 기대가 있다. 하이퍼루프가 성공적으로 개발되면 교통수단에 혁명을 일으켜 현재보다 훨씬 빠른 속도로 장거리 이동이 가능해질 수 있을 것이다.

인도의 버진 하이퍼루프 프로젝트

버진 하이퍼루프는 인도에서 가장 빠르게 성장하는 도시인 뭄바이와 푸네를 연결하는 총 150km의 프로젝트를 진행하고 있다. 이 하이퍼루프가 완공되면 뭄바이에서 푸네까지 20분 만에 이동할 수 있는데, 이 프로젝트는 2025년 완공을 목표로 하고 있다.

버진 하이퍼루프는 인도 정부의 적극적인 지원을 받고 있다. 인도 정부는 버진 하이퍼루프에 10억 달러의 투자를 계획하고 있으며, 버진 하이퍼루프가 인도의 교통 체증을 해결하고 경제 성장을 촉진할 것으로 기대하고 있다.

또한 버진 하이퍼루프는 벵갈루루 국제공항과 공동으로 하이퍼루프 사업 타당성 검토를 진행하고 있다. 이 프로젝트는 벵갈루루 국제공항과 인도 전역을 연결하는 하이퍼루프를 구축하는 것을 목표로 하고 있다. 하이퍼루프가 완공되면 벵갈루루 국제공항에서 인도 전역으로의 이동 시간이 크게 단축될 것이다. 이 외에도 버진 하이퍼루프는 미국, 유럽, 아시아 등 전 세계 여러 지역에서도 하이퍼루프 사업을 추진하고 있다.

두바이와 아부다비를 연결하는 하이퍼루프 프로젝트

아랍에미리트 공화국에서는 두바이와 아부다비를 연결하는 하이퍼루프 프로젝트를 추진하고 있다. 두바이와 아부다비는 아랍에미리트 공화국에서 가장 큰 두 도시로, 두 도시를 연결하는 하이퍼루프는 두 도시 간의 교통 체증 문제를 해결하고, 경제 성장을 촉진할 것으로 기대되고 있다.

이 프로젝트에는 덴마크의 건축 회사 '비야르케 잉겔스 그룹Bjarke Ingels Group, BIG'과 로스앤젤레스에 본사를 둔 스타트업 '하이퍼루프 원Hyperloop One'이 참여하고 있다. 하이퍼루프 원은 2017년 11월에 네바다주 라스베이거스에서 하이퍼루프의 첫 번째 시험 운행을 성공적으로 마친 바 있다. 그 이후로 이 스타트업은 엄청난 발전을 거듭하고 있다.

이 하이퍼루프가 완공되면 두바이에서 아부다비까지 2시간이 걸리는 거리를 12분으로 단축할 것으로 예상된다. 이 하이퍼루프는 100퍼센트 태양광 에너지로 가동되며 연간 4,500만 명의 승객을 운송할 수 있다고 한다.

그 밖에도 프랑스 툴루즈에 320미터 길이의 테스트 트랙을 건설하여 기술 테스트를 진행하고 있다. 이 테스트 트랙은 유럽 내에서 하이퍼루프 시스템의 다양한 기술적 요소를 검증하고, 실제 운영 환경에서의 성능을 평가하기 위해 사용되고 있다.

이탈리아에서는 밀라노와 볼로냐를 연결하는 하이퍼루프 노선이 계획되고 있다. 이 프로젝트는 두 주요 도시 간의 이동 시간을 혁신적으로 단축시키고, 이탈리아 내 교통 인프라를 현대화하는 중요한 프로젝트다. 성공적으로 완성되면 이 프로젝트는 이탈리아와 유럽 전역에서 하이퍼루프 기술의 상용화와 확산에 중요한 역할을 할 것으로 기대된다.

'트랜스 포드TransPod'는 캐나다에 기반을 둔 하이퍼루프 기술 개발 회사로, 주로 캐나다와 유럽 지역에서 혁신적인 교통 프로젝트를 추진하고 있다. 캐나다 앨버타 주에서 캘거리와 에드먼턴을 연결하는 하이퍼루프 노선 프로젝트를 추진 중이다. 이 노선은 약 300km 길이로, 두 도시 간 이동 시간을 획기적으로 단축시킬 것이다.

이처럼 선도 기업들이 하이퍼루프로 교통의 미래를 바꾸려 노력하고 있으며, 미래의 교통 수단으로 개발하고 있다.

| 일론 머스크의 미래 답안지 |

한국형 하이퍼루프, 초고속 하이퍼튜브(HTX)

한국형 하이퍼루프, 초고속 '하이퍼튜브HTX' 프로젝트는 한국철도기술연구원에서 개발에 성공한 초고속 이동 수단이다. 한국의 교통 인프라를 혁신하고 고속, 친환경적인 교통수단을 제공하는 중요한 미래 프로젝트다.

한국은 일론 머스크보다 4년 앞선 2009년부터 한국형 하이퍼루프라고 부르는 '하이퍼튜브HTX, Hyper Tube Express'에 대한 연구를 시작했다. 2016년 독자적으로 한국형 하이퍼루프, 초고속 캡슐트레인을 개발하여 시속 700km 시험에 성공하여 미국 등 다른 나라보다 기술적인 면에서 앞서 있다고 한다. 한국형 하이퍼루프는 튜브 안을 진공 상태로 유지하고, 캡슐을 튜브 내부로 발사하여 운행하는 방식이다.

하이퍼튜브는 공기저항이 없는 진공 튜브 내에서 자기력으로 차량을 추진·부상시켜 시속 1000km 이상 주행 가능한 교통 시스템이다. 축소 모형시험에서 시속 1019km를 기록하였으며, 초전도 자기부상 기술과 아음속 캡슐트레인 추진 기술을 확보했다.

소위 '초고속 캡슐 차량'이라 불리는 하이퍼루프는 직경 3m 안팎의 밀폐된 튜브 형태로 만들어지는데, 진공 상태의 운송관에 캡슐형 객차를 넣어 초고속으로 운행된다. 여기서 튜브 내부는 완전한 진공 상태가 아닌 1/1000 기압의 진공, 즉 '아진공' 상태의 튜브에서 이동된다. 그리고 터널의 바닥에는 자기장이 흐르도록 설계하여 열차가 살짝 뜬 상태로 마찰 없이 달리게 된다. 한국철도기술연구원에서 진행한 실험에 따르면, 튜브의 공기압이 10% 낮아질 때마다 기차는 25km/h씩 빨라진다고 한다. 그러므로 '하이퍼튜브' 성능 개선의 핵심은 마찰 저항과 공기 저항을 최대한 줄이는 것이다.

한국은 세계 최초로 고온 초전도체, 자기부상열차 기술 개발도 이미 성공하였으며, 개발 중인 한국형 하이퍼루프는 시속 1,200km 주행 목표 달성을 눈앞에 두고 있다. 이는 시속 300km KTX보다는 4배, 시속 800km 비행기보다도 더 빠르며, 서울에서 부산까지 불과 16분이 걸린다는 계산이 나온다. 이 경우 우리나라는 물론 전 세계 교통 체계에 큰 변화를 가져올 사업으로 부상되어, 관계 부처인 국토부에서도 적극적 추진을 지원하고 있다.

한국형 하이퍼루프는 정부와 민간의 협력을 통해 2030년 상용화를 목표로 하고 있다. 이때 상용화에 성공한다면 HTX는 한국을 넘어 글로벌 시장에서도 주목받는 교통 혁신의 대표적인 사례가 될 것이다.

Chepter 8

뉴럴링크 -
인간과 기계의 결합

'뉴럴링크Neuralink'는 2016년에 설립되었다. 뇌와 컴퓨터를 직접 연결하는 뇌-컴퓨터 인터페이스BCI, Brain-Computer Interface 기술을 개발하고 있는 회사이며, 뇌에 삽입할 수 있는 칩을 개발하고 있다. 이 칩은 뇌의 신경세포와 통신할 수 있으며, 이를 통해 뇌의 기능을 제어하거나 뇌에 정보를 전달할 수 있다. 뉴럴링크의 목표는 인간의 뇌와 기계의 결합을 가능하게 하여 인간의 기억, 지능, 능력 등을 향상시키거나 신경학적 질환을 치료하는 것이다.

이 기술의 장점은 신경학적 질환을 치료하는데 활용될 수 있다. 예를 들어 뉴럴링크는 경련, 정신질환, 실명증, 시각 장애 등 다양한 질환을 치료할 수 있다. 또한 뇌와 컴퓨터의 직접적인 연결을 통해 인간의 능력을 향상시키는 것이 가능해질 수 있다. 이를 통해 사람들은 정보를 더 빠르게 처리하고, 기억력을 향상시키며, 심지어 새로운 정보를 다운로드 받을 수도 있을 것이다.

뉴럴링크의 기술은 아직 개발 초기 단계에 있지만 많은 잠재력이 있다. 하지만 뉴럴링크의 기술은 윤리적 논쟁도 불러일으키고 있다. 일부 사람들은 뉴럴링크의 기술이 인간의 자유 의지를 침해할 수 있다고 우려하고 있다. 나쁜 용도로 악용될 수 있다는 우려도 있다. 이 기술이 어떻게 발전할지 지켜보는 것은 흥미로운 일이다.

'뉴럴링크'를 설립한 이유

일론 머스크의 시선은 뇌과학 분야에도 쏠리고 있었다. 그는 2016년 뇌-컴퓨터 인터페이스BCI에 중점을 둔 '뉴럴링크Neuralink'를 설립했다.

미래 사회를 배경으로 한 영화 '공각기동대'나 '매트릭스'에서 인간의 뇌와 컴퓨터가 연결되는 장면이 나오는 것을 기억할 것이다. 특히 영화 '매트릭스'에서는 헬기를 조종할 줄 모르는 여주인공이 헬기 조종법을 뇌로 다운받아 바로 헬기를 몰고 나가는 장면이 나온다.

머스크는 소설이나 영화에나 나올 법한 이야기를 BCI 기술을 현실에서 구현하고자 이 회사를 설립했다. BCI 기술은 뇌와 컴퓨터의 상호 연결을 통해 뇌의 신호를 컴퓨터로 전달하거나 컴퓨터의 신호를 뇌로 전달하는 기술이다. 이 프로젝트의 궁극적인 목적은 인간의 뇌와 AI를 연결해 디지털 초지능digital super intelligence을 구현하는 것이다.

BCI 기술은 다양한 분야에서 응용될 수 있다. 예를 들어 신경계 질환을 치료하거나, 장애인의 삶의 질을 향상시키거나, 인간의 능력을 향상시킬 수 있다. 머스크는 뉴럴링크가 뇌졸중, 다발성 경화증, 파킨슨병과 같은 신경계 질환을 치료하고, 장애인의 삶의 질을 향상시키고 인간의 잠재력을 극대화하는 데 기여할 수 있다고 말했다.

뉴럴링크는 설립 이후 여러 대학에서 저명한 신경과학자들을 고용했다. 뉴럴링크 코퍼레이션은 캘리포니아 프리몬트에 본사를 두고 있으며 2024년 기준으로 약 300명의 직원을 두고 있다.

뉴럴링크는 인간의 뇌에 컴퓨터 칩을 이식하고, 이를 통해 뇌에서 발생하는 생체 신호를 측정하고 해독하여 기기를 제어하는 BCI 기술을 개발하고 있다. 이 회사는 뇌에 칩을 이식하는 두뇌 임플란트를 통해 기억을 보조 장치에 저장하는 것을 가능하게 할 것이라고 말하고 있다. 이 임플란트는 '링크'라고 불리며, 신경세포와 직접적으로 연결되어 뇌의 신호를 읽고 해석한다. 그런 다음 이 신호는 외부 기기를 제어하는 데 사용될 수 있다.

2017년 4월, 뉴럴링크는 심각한 뇌 질환을 치료하는 장치를 만드는 것을 목표로 하고 있으며, 궁극적으로는 트랜스휴머니즘이라고도 불리는 인간 강화를 목표로 하고 있다고 발표했다. 머스크는 이 아이디어에 대한 관심이 부분적으로 이언 M. 뱅크스Iain M. Banks의 소설 10권 시리즈인 '더 컬처The Culture'의 가상의 우주에서 '뉴럴 레이스'라는 공상과학 개념에서 비롯됐다고 밝혔다.

그날 머스크는 신경 레이스를 '피질 위의 디지털 레이어digital layer above the cortex'로 정의했는데, 이는 반드시 광범위한 외과적 삽입을 의미하지는 않지만 이상적으로는 정맥이나 동맥을 통한 이식을 의미한다. 그는, 장기적인 목표는 '인공지능과의 공생'을 달성하는 것이며, 그것이 확인되지 않으면 인류에 대한 실존적 위협으로 인식한다고 말했다.

머스크가 뉴럴링크를 설립한 이유

❶ 인간의 뇌 기능 개선

뉴럴링크는 BCI 기술을 통해 인간의 뇌 기능을 향상시킬 수 있는 기술을 개발하고자 한다. 뇌신경 과학의 연구를 통해 뇌의 동작 과정을 이해하고, 이를 활용하여 뇌 기능에 이상이 있는 사람들을 돕거나, 인간의 인지 능력을 향상시키는 기술을 탐구할 수 있다.

❷ 뇌-기계 상호작용

뉴럴링크의 기술은 뇌와 컴퓨터 간에 직접적인 연결을 통해 정보를 주고받는 것을 목표로 한다. 이를 통해 장애를 가진 사람들이 외부 기기를 직접 제어하거나, 뇌의 신호를 컴퓨터에 전달하여 인공지능과 상호작용하는 등의 가능성이 열린다.

❸ 인간과 인공지능의 융합

일론 머스크는 BCI 기술을 통해 인간과 인공지능 간의 상호작용을 강화하고자 한다. 인간의 뇌와 인공지능을 연결함으로써 더 나은 학습과 문제 해결 능력, 인간의 지능과 기계의 계산 능력을 융합하여 혁신적인 발전을 이루고자 한다.

이러한 미래 지향적인 시나리오는 인간과 AI의 통합, 인간의 뇌 용량 확장, 뇌 손상의 회복, 신체적 제약을 가진 사람들이 더 나은 삶을 살 수 있게 하는 것 등을 포함한다.

2019년 7월, 뉴럴링크는 인간의 뇌에 이식이 가능한 AI 칩에 대한 백서를 발표해서 세간의 관심을 불러일으켰다. 이 백서에 따르면 인간의 뇌를 컴퓨터에 연결하는 초소형 칩인 '뉴럴 레이스Neural Lace'를 개발하고 향후 레이저를 이용해 두개골을 뚫고 이를 인간 뇌에 심는다는 것이다.

뉴럴링크는 뇌와 컴퓨터를 직접 연결하여 사람의 생각, 기억, 감정 등을 디지털화할 수 있도록 하는 BCI 기술에 집중하고 있다. 이러한 기술은 우리가 정보를 처리하고 통신하는 방식을 혁신적으로 바꿀 수 있으며, 또한 신체적 제한을 극복하는 데 도움이 될 수 있다. 또한 뉴럴링크는 사람의 생각만으로 각종 기기를 제어할 수 있는 시스템을 구축하기 위한 원격 BCI도 개발하고 있다. 원격 BCI는 뇌와 컴퓨터를 연결하여 뇌의 신호를 컴퓨터로 전송하고, 컴퓨터의 신호를 뇌로 전송하는 장치다. 뉴럴링크는 BCI를 통해 장애인들이 마비된 신체를 움직이게 하거나, 생각만으로 컴퓨터를 조작할 수 있도록 하는 것을 목표로 하고 있다.

뇌-컴퓨터 인터페이스에 중점을 둔 '두뇌 임플란트'

뉴럴링크는 2016년부터 돼지와 원숭이의 뇌에 뉴럴링크 장치를 이식하는 실험을 진행해 왔다. 뇌졸중으로 인해 마비된 원숭이에게 뉴럴링크 장치를 이식하여 부분적으로 마비가 회복되는 것을 확인했다.

2021년 4월, 뉴럴링크는 '뉴럴링크 임플란트Neuralink implant'를 사용하여 '퐁Pong 게임'을 하는 원숭이를 시연했다. 시연에 참여한 원숭이는 페이저Pager라는 이름의 9살 원숭이였다. 페이저에게는 1,024개의 전극이 포함된 뉴럴링크 임플란트를 뇌에 삽입했다. 전극은 페이저의 움직임을 제어하는 뇌의 일부에 배치되었다. 페이저는 게임을 위해 패들이 움직이기를 원하는 방향으로 팔을 움직이려고 생각해야 했다. 뉴럴링크 임플란트는 이러한 생각을 감지하여 게임에서 패들을 제어하는 컴퓨터로 신호를 보낼 수 있었다.

페이저는 높은 수준의 게임을 플레이할 수 있었다. 이는 뉴럴링크 임플란트가 페이저에게 게임을 효과적으로 플레이하는 데 필요한 수준의 컨트롤을 제공할 수 있다는 것을 보여주었다. 페이저의 퐁 게임 시연은 뉴럴링크에게 중요한 이정표였다. 뉴럴링크의 기술이 복잡한 실제 작업을 수행할 수 있다는 것을 보여줬기 때문이다. 이는 신경 장애를 치료하고 인간의 능력을 향상시키는 데 사용할 수 있는 기술을 개발하려는 뉴럴링크의 목표를 향한 중요한 단계다.

뉴럴링크의 과학자들은 임플란트를 무선으로 만들고 이식된 전극의 수를 늘릴 수 있는 공학적 진전을 이루었다. 뇌를 통해 컴퓨터와 직접 연결함으로써 컴퓨터를 제어하고, 정보를 처리하고, 새로운 지식을 습득할 수 있도록 다음 단계를 거쳐 기술 개발을 계속하고 있다.

'뉴럴링크', FDA 임상 시험 승인을 받다

2023년 5월 25일, 뉴럴링크는 인간의 뇌에 컴퓨터 칩을 이식하기 위한 임상 시험 승인을 미국식품의약국FDA로부터 획득했다. 뉴럴링크는 트위터를 통해 이 같은 사실을 밝혔다.

"인간을 대상으로 처음 임상 연구를 시작하기 위한 FDA의 승인을 받았다는 소식을 전하게 돼 기쁘다. 이는 뉴럴링크 팀이 FDA와 긴밀히 협력해 이뤄낸 놀라운 결과다. 언젠가 우리 기술이 많은 사람에게 도움이 될 수 있도록 하는 중요한 첫걸음이다. 임상시험을 위한 참가자 모집은 아직 시작하지 않았으며 이에 대한 자세한 정보는 곧 발표할 예정이다."

2022년에 FDA는 '장치의 리튬 배터리와 관련된 주요 안전 문제, 임플란트의 작은 와이어가 뇌의 다른 부위로 이동할 가능성, 뇌 조직 손상 없이 장치를 제거할 수 있는지 여부와 방법에 대한 의문'을 제기하며 인간 임상시험 신청서를 반려했었다.

머스크는 2022년 12월 뉴럴링크의 컴퓨터 칩 이식 목적은 인간의 뇌가 컴퓨터와 직접 소통할 수 있도록 하는 것이라고 밝힌 바 있다. 그날 머스크는 "뉴럴링크의 인체 칩은 시각을 잃었거나 근육을 움직이지 못하는 사람들에게 이를 가능하게 하는 것을 목표로 한다. 선천적으로 맹인으로 태어나 눈을 한 번도 쓰지 못한 사람도 시각을 가질 수 있을 것"이라고 강조하기도 했다.

2023년 FDA의 승인으로 인간을 상대로 한 뉴럴링크의 첫 번째 임상 시험이 실시될 것이다. 이 임상 시험은 뇌졸중으로 인해 마비된 환자 10명을 대상으로 진행될 예정이다. 환자들은 뉴럴링크의 칩을 이식받은 후 컴퓨터를 제어하고, 의사소통을 할 수 있는지 여부를 테스트하게 된다.

뉴럴링크의 컴퓨터 칩은 아직 개발 초기 단계에 있지만 그 잠재력은 매우 크다고 평가받고 있다. 뉴럴링크의 기술이 개발된다면 신경계 질환을 치료하고, 장애인들의 삶의 질을 향상시키고, 뇌를 통해 컴퓨터를 제어하고, 정보를 처리하고, 새로운 지식을 습득할 수 있는 새로운 세상을 열어줄 것이다.

뉴럴링크 기술 어디까지 왔나

뉴럴링크Neuralink는 뇌와 컴퓨터를 연결하는 기술을 개발하는 스타트업으로, 인간의 신경계를 보완하거나 향상시키기 위한 혁신적인 기술을 추구하고 있다. 일론 머스크가 설립한 이 회사는 뇌-컴퓨터 인터페이스BCI 기술을 통해 신경 장애를 치료하거나 인간의 인지 능력을 증강시키는 목표를 가지고 있다.

뉴럴링크의 발전 과정

뉴럴링크는 2016년 설립된 이후 뇌에 삽입할 수 있는 초소형 전극으로 구성된 임플란트를 개발해 왔다. 이 임플란트는 뇌의 특정 영역에 신호를 전달하거나 신호를 읽어들일 수 있으며, 이를 통해 신경 장애를 치료하거나 새로운 방식의 상호작용을 가능하게 한다.

뉴럴링크는 '생각의 힘만으로 기계를 제어하는 기술'을 개발하고 있다. 2019년 7월, 머스크와 그의 팀은 뇌에 엮어 뉴런의 소리를 들을 수 있는 초미세 '실threads, 폭 4~6μm'을 개발했다고 밝혔다. 당시 뉴럴링크는 매우 얇은 실을 뇌에 이식할 수 있는 '재봉틀 같은sewing machine-like' 장치를 개발 중이라고 발표했고, 1,500개의 전극을 통해 실험실 쥐의 정보를 읽는 시스템을 시연했다. 이 '실'은 머리카락 4분의 1 정도 두께로 매우 얇고, 뉴런의 활동을 모니터링하여 뇌의 활동을 '엿듣는' 역할을 한다. 이 정보는 뇌가 무엇을 하고 있는지 해독하는 데 사용될 수 있으며, 잠재적으로 사용자가 생각만으로 기기를 제어할 수 있도록 해준다.

또한 뉴럴링크는 신경외과 의사의 감독하에 섬세한 수술을 수행할 수 있는 로봇도 개발했다. 이 로봇은 4mm 크기의 정사각형 칩인 'N1'을 두개골에 이식하는 작업을 한다. 뉴럴링크의 N1 칩에는 1,024개의 실로 된 가닥들이 붙어있으며, 실에 전극이 탑재되어 있어 많은 양의 데이터를 전송할 수 있다.

뉴럴링크는 인간의 뇌에 AI 칩을 이식하고, 인간의 뇌신경과 컴퓨터 칩을 연결하는 것이 목표로 하고 있다. 이를 통해 뇌와 관련된 질병을 치료해 나갈 계획이다. 현재로서는 피이식자가 생각만으로 스마트폰을 통제할 수 있도록 하는 것이 목표다.

뉴럴링크 로봇은 머리를 아주 작게 절개한 뒤, 머리카락 4분의 1 정도 두께로 4에서 6마이크로 미터 가량의 뉴런과 거의 같은 크기인 얇고 유연한 '실'을 뇌에 심는다. 이 실은 뇌의 중요한 부분에 가깝게 배치되어 뉴런 간에 전달되는 메시지를 감지하여 각 충동을 기록하고 스스로 자극할 수 있다. 뉴럴링크는 'N1' 칩이 1,024개의 서로 다른 뇌세포와 연결할 수 있으며, 한 환자에게 최대 10개까지 N1 칩을 이식할 수 있다고 한다. 이 칩은 보청기처럼 사용자의 귀에 걸 수 있는 웨어러블 장치에 무선으로 연결되며, 블루투스 라디오와 배터리가 포함되어 있다.

2020년에는 첫 번째 프로토타입을 시연하면서 생체 실험에서 이 임플란트가 어떻게 작동하는지 보여주었고, 이후 2022년과 2023년에 걸쳐 다양한 동물 모델을 통해 더 많은 테스트를 진행했다.

2023년 9월, 뉴럴링크는 최초의 인간 임상 시험인 'PRIME Study'를 위한 참가자 모집을 발표했다. 이 임상 시험은 뉴럴링크의 뇌-컴퓨터 인터페이스BCI 기술의 안전성과 기능성을 평가하는 것을 목표로 하고, 특히 경추 척수 손상이나 근위축성 측삭경화증ALS으로 인한 사지 마비를 겪고 있는 사람들을 대상으로 했다.

모집 대상자는 최소 22세 이상이며, 1년 이상 사지 마비 상태를 유지한 사람들이었다. 참가자는 신뢰할 수 있는 돌봄 제공자가 있어야 하며, 이미 다른 의료 기기심장 박동기, 신경 자극기 등가 이식된 경우나 특정 의료 치료를 받고 있는 사람들은 참여할 수 없었다.

이 연구는 18개월 동안 9번의 클리닉 방문과 5년간의 추적 조사를 포함하는 상당히 엄격한 절차를 요구하고 있다. 또한 참가자들은 매주 뇌-컴퓨터 인터페이스 연구 세션에 참여해야 한다. 그러나 뉴럴링크는 초기 제안된 10명의 참가자가 너무 많다는 FDA의 의견을 받아들여 참여자 수를 조정한 것으로 알려졌다.

이 연구에 참여하는 참가자들은 뇌의 운동 피질에 뉴럴링크 장치를 이식받게 되며, 뇌-컴퓨터 인터페이스를 사용해 컴퓨터 커서나 기타 디지털 장치를 제어하는 테스트를 받게 된다. 이를 통해 중증 마비 환자들의 의사소통과 이동성을 회복하는 것이 목표다.

임상 시험의 진행

2024년 1월, 뉴럴링크는 첫 번째 인간 피험자에게 뇌 칩 임플란트를 성공적으로 이식했다고 발표했다. 이 중요한 발전은 뉴럴링크의 기술이 실제로 인간에게 적용될 수 있음을 보여주는 첫 단계로, 신경계 질환을 가진 사람들에게 새로운 치료 옵션을 제공할 가능성을 열었다.

이 임플란트의 성공적인 이식 이후, 뉴럴링크는 계속해서 임상 시험을 진행하고 있으며, 더 많은 피험자를 모집하여 기술의 안전성과 효과를 확인하고 있다. 이러한 임상 시험은 뇌 칩 기술이 파킨슨병, 알츠하이머병, 척수 손상 등과 같은 신경계 질환의 치료에 어떻게 사용될 수 있는지에 중점을 두고 있다.

뉴럴링크가 뇌 칩을 인간에게 이식한 것은 중요한 첫걸음이지만, 이 기술이 상용화되기까지는 여러 단계의 임상 시험을 거쳐야 한다. 첫 번째 임상 시험의 성공 여부는 이 기술이 얼마나 안전하고 효과적인지를 평가하는 데 중요한 지표가 될 것이다.

이러한 임상 시험은 일반적으로 몇 년에 걸쳐 여러 단계로 나누어 진행되며, 각각의 단계에서 피험자의 수가 증가하고, 더 복잡한 실험이 이루어진다. 뉴럴링크는 이러한 과정을 통해 기술의 안전성을 입증하고, 규제 기관의 승인을 받아야 한다. 현재로서는 이 기술이 실제로 상용화되기까지는 아직 몇 년이 더 걸릴 것으로 보인다.

기술적 측면에서 뉴럴링크는 이미 원숭이와 같은 동물 실험을 통해 상당한 진전을 이루었으며, 이번 인간 대상 임플란트는 그 기술적 성과의 연장선에 있다. 뉴럴링크의 BCI 기술은 기존의 다른 연구들보다 훨씬 더 정밀하게 뇌의 신호를 읽고 조작할 수 있는 능력을 보여준다.

예상되는 시간표와 상용화 가능성

뉴럴링크는 인간 환자에게 뇌-컴퓨터 인터페이스를 성공적으로 이식함으로써 획기적인 발전을 이루었다. 하지만 뉴럴링크가 발표한 뇌 칩 기술이 상용화되기까지는 최소한 5년에서 10년 이상의 시간이 필요할 것으로 예상된다. 이 기간 동안 여러 차례의 임상 시험과 규제 당국의 승인을 받아야 하며, 이 과정에서 예상치 못한 문제가 발생할 수도 있다.

현재로서는 뉴럴링크가 2020년대 후반까지는 상용화의 첫 단계를 시작할 수 있을 것으로 보인다. 다만, 초기에는 특정 신경계 질환 환자를 대상으로 한 제한적인 사용이 예상된다. 이를 통해 안전성과 효과가 입증된 후에야 일반적인 치료법으로 확장될 가능성이 높다.

우선 뉴럴링크가 상용화되기 위해서는 여러 단계의 임상 시험을 거쳐야 한다. 참가자를 대상으로 하는 안전성 평가다. 이 단계에서 뉴럴링크는 임플란트의 부작용, 안정성, 기본적인 기능성을 확인하게 된다. 이 초기 시험이 성공적일 경우, 더 많은 참가자를 대상으로 한 확장된 임상 시험으로 넘어간다. 이러한 과정에서 예상치 못한 문제, 예를 들어 임플란트의 장기적 안정성이나 사용 편의성에 대한 문제가 발생할 가능성도 있다.

FDA와 같은 규제 기관의 승인 절차는 매우 까다롭다. 뉴럴링크의 뇌 칩이 상용화되기 위해서는 이러한 규제 기관들의 승인을 받아야 하며, 이는 기술의 안전성과 효과가 충분히 입증된 후에야 가능할 것이다. 이 과정에서 새로운 데이터를 요구하거나 추가 연구를 요청할 수 있어 상용화 시점이 지연될 가능성도 있다.

또한 뉴럴링크의 기술이 상용화되기 위해서는 몇 가지 주요 기술적 도전 과제를 해결해야 한다. 뉴럴링크가 직면한 주요 과제 중 중요한 하나는 뇌와 임플란트 간의 신호 전송을 정확하고 안정적으로 유지하는 것이다. 뇌는 매우 복잡한 조직으로, 외부 장치를 뇌에 삽입하면 염증 반응이나 조직 손상이 발생할 수 있다. 이를 해결하기 위해 뉴럴링크는 초소형 전극과 같은 매우 미세한 기술을 개발하고 있으며, 이러한 전극이 뇌 조직에 최소한의 영향을 미치도록 설계하고 있다.

또한 임플란트의 전력 공급 문제도 중요한 과제다. 뇌 속에 삽입된 장치는 장시간 동안 안정적으로 작동해야 하며, 이를 위해서는 매우 적은 전력으로도 오랫동안 작동할 수 있는 배터리 기술이 필요하다. 뉴럴링크는 무선 충전 기술을 활용하여 임플란트의 전력을 공급하는 방안을 연구하고 있다.

뉴럴링크의 성공적인 상용화는 의료 분야에 혁신적인 변화를 가져올 수 있다. 신경계 질환의 치료를 넘어, 사람들의 뇌와 컴퓨터 간의 인터페이스를 통해 다양한 정보와 기술을 직접 연결하는 시대가 열릴 수 있다. 이는 사람들의 일상생활, 의료, 교육, 심지어 직업의 정의까지 변화시킬 수 있는 잠재력을 가지고 있다.

뇌-컴퓨터 인터페이스 기술의 잠재적 응용 분야

뉴럴링크의 초기 연구는 주로 신경질환 치료를 목표로 했다. 이를 통해 손상된 신경 경로를 복구하거나, 신경 퇴행성 질환을 치료하는 데 초점을 맞추었다. 최근에는 더 나아가 인간의 인지 능력과 신체 기능을 증강하는 데 이 기술을 적용하려는 연구가 진행 중이다. 이 연구는 인간의 뇌에 컴퓨터 칩을 이식하고 이를 통해 뇌에서 발생하는 생체 신호를 측정하고 해독해 기기를 제어하는 뇌-컴퓨터 인터페이스BCI 기술이다.

의료 분야

뇌-컴퓨터 인터페이스BCI 기술의 가장 큰 잠재적 이점 중 하나는 신경학적 질환을 치료하는 데 있다. 이는 특히 이동 능력을 잃은 사람들에게 희망의 빛을 줄 수 있다. 알츠하이머, 파킨슨병, 척추손상, 우울증, 뇌졸중 등 다양한 신경학적 질환이 이 기술의 도움을 받을 수 있다.

파킨슨병은 도파민 생성 세포의 퇴화로 인해 발생하는 신경질환이다. 뉴럴링크의 임플란트 기술은 파킨슨병 환자들의 운동 기능을 회복시키는 데 사용될 수 있다. 전극을 통해 뇌의 특정 부위를 자극함으로써 신경 회로를 재활성화하여 운동 장애를 완화할 수 있다. 그리고 뇌졸중 환자의 운동 기능을 회복시키거나, 시각장애인의 시력을 회복시키는 데도 BCI 기술을 사용할 수 있다.

또한 BCI 기술을 통해 뇌파를 조절하여 수면 장애를 치료하거나, 인지 능력을 향상시킬 수 있다. 척수 손상 환자들의 경우 종종 신체의 일부 또는 전부가 마비되는 심각한 문제를 겪는데, 뇌 임플란트를 통해 뇌 신호를 읽어 직접 로봇 팔이나 다리를 움직이게 하거나, 손상된 신경을 우회하여 근육을 자극하는 방법으로 신체 기능을 복원할 수 있다.

신체 능력 향상과 감각 증강

BCI 기술을 통해 신체 능력을 향상시킬 수 있다. 뇌 임플란트를 통해 인공 팔, 다리와 같은 보조 기기를 뇌와 직접 연결할 수 있다. 이 경우 보조 기기는 사용자의 의지에 따라 자연스럽게 움직이게 되며, 이는 현재의 보조 기기 기술을 뛰어넘는 결과를 가져올 수 있다. 예를 들어 운동선수의 운동 능력을 향상시킬 수 있다.

그 외에도 BCI 기술을 사용하면 기존의 인간의 센서 경험을 넘어서는 새로운 경험을 제공할 수 있다. 뇌에 전기 자극을 가함으로 적외선 또는 초음파와 같은 특정 파장을 인식하거나 시각, 청각, 촉각, 후각, 미각 등의 감각을 향상시킬 수 있다. 또한 가상 혹은 증강 현실 경험을 향상시킬 수 있다.

학습 능력 향상

뇌-컴퓨터 인터페이스는 사람들이 새로운 정보를 더 빠르게 흡수하고 처리하는 능력을 개선하는 데 도움이 될 수 있다. 기억과 관련된 뇌 영역에 전극을 삽입하여, 특정 정보를 장기 기억으로 전환하는 과정을 강화할 수 있다. 이론적으로는 학습 속도를 높이거나, 잊지 않도록 하는 기능을 지원할 수 있다.

뇌와 컴퓨터가 직접 연결되면 컴퓨터의 연산 능력을 이용해 인간의 사고 과정을 가속화할 수 있다. 이를 통해 복잡한 문제를 더 빠르게 해결하거나, 다중 작업을 효율적으로 처리할 수 있다. 예를 들어, BCI를 이용하여 컴퓨터에 설치된 교육 프로그램을 뇌를 통해 직접 학습할 수 있다.

사람들은 기존의 학습 방법을 뛰어넘고, 새로운 방식으로 학습할 수 있게 될 것이다. 그때가 되면 대학교육은 무용지물이 될 것이며 사람들은 기존의 학습 방법을 뛰어넘어 새로운 방식으로 학습하고 일을 하게 될 것이다.

보다 직접적인 커뮤니케이션

BCI 기술을 통해 생각을 직접 전송하거나, 공유하는 능력은 전혀 새로운 커뮤니케이션 방식을 제공할 수 있다. 이를 통해 사람들은 서로의 생각을 직접 공유할 수 있으며, 언어적 장벽을 극복할 수 있다. 또한, BCI를 이용하여 생각을 컴퓨터에 직접 전송할 수 있다. 이를 통해 사람들은 컴퓨터와 직접 생각을 교류할 수 있으며, 훨씬 더 빠르게 정보를 전달할 수 있다.

뉴럴링크와 같은 BCI 기술은 사람들이 인공 지능과 효율적으로 상호작용하는 방법을 제공할 수 있다. 이것은 사람의 생각과 직접적으로 연결된 AI를 가능하게 한다. 예를 들어, BCI 기술을 이용하여 인공 지능에게 생각만으로 명령을 내릴 수 있다. 또한 인공 지능이 시각, 청각, 촉각 등의 정보를 제공함으로써 사람들은 인공 지능을 통해 현실 세계를 경험할 수 있다.

이처럼 이 인터페이스는 인간의 뇌와 컴퓨터 간에 실시간으로 상호작용할 수 있도록 도와주는 기술로 뇌신경 과학, 신경공학, 로보틱스, 인공지능 등의 다양한 분야로 개발되고 있다.

뇌-컴퓨터 인터페이스를 둘러싼 윤리적 문제

뉴럴링크의 BCI 기술은 인간의 뇌와 컴퓨터를 직접적으로 연결하여 상호작용할 수 있게 만드는 놀라운 기술이지만, 이 기술은 인간의 자아와 정체성, 프라이버시, 경제 능력에 따른 신체적 불평등 등 여러 윤리적 사회적 문제도 수반한다.

BCI의 윤리적 문제 중 하나는 개인의 자유와 프라이버시 침해 문제다. 뇌와 컴퓨터가 연결되면서 개인의 생각과 기억이 외부에 노출될 위험이 생긴다. BCI 기술은 사용자의 뇌파 데이터를 수집하고 분석한다. 이 데이터는 사람의 사고, 기분, 신념 등 개인적이고 민감한 정보를 포함할 수 있다. BCI를 통해 뇌의 신호를 추적하고 조작할 수 있기 때문에 개인의 생각과 행동을 통제할 수 있다. 이런 정보가 부적절하게 사용되거나 악용될 경우 개인의 자유와 프라이버시를 침해할 수 있다.

사회적, 윤리적 고려 사항

뉴럴링크의 뇌 칩 기술이 현실화되면서 사회적, 윤리적 문제도 함께 논의되고 있다. BCI 기술이 상용화되어 대중화된다면 누가 이 기술에 접근할 수 있는지, 그리고 이로 인해 발생할 수 있는 사회적 불평등 문제는 어떻게 해결할 것인지에 대한 논의가 필요하다.

또한 뇌 칩이 상업적으로 이용될 경우, 인간의 인지 능력과 신체 능력을 인위적으로 향상시키는 것이 윤리적으로 타당한지에 대한 논란도 제기될 수 있다. 이러한 윤리적 문제는 기술 개발 초기부터 심도 있게 고려되어야 하며, 이를 통해 기술의 발전이 인류에게 이익을 줄 수 있도록 방향을 설정해야 할 것이다.

기계로의 인간 변화도 문제다. BCI는 뇌에 직접적인 영향을 미칠 수 있으며, 사용자의 생각이나 행동에 영향을 미칠 수 있다. 이는 사람이 기계에 의해 조작되거나 '사라지는 인간성'같은 문제를 일으킬 수 있다. 그리고 BCI는 새로운 불평등의 문제를 제기할 수도 있다. BCI 기술은 비싸고 모든 사람들이 이를 이용할 수 있는 상황이 아니다. 이로 인해 '신경적 엘리트'클래스가 생겨나 사회 내에서 더욱 깊은 불평등을 초래할 수 있다.

또한 보안 문제도 심각하다. 뇌-컴퓨터 인터페이스는 해킹의 위험에 노출되어 있다. 공격자가 이런 시스템을 해킹하여 개인 데이터에 접근하거나 사용자의 뇌 기능에 영향을 미칠 수 있는 가능성이 있다.

이러한 여러 이유로, 이 기술을 개발하고 적용하는 과정에서는 윤리적인 문제들에 대해 신중하게 고려하고 규제해야 한다. 따라서 뉴럴링크와 같은 기술이 인간의 능력을 향상시키는 것이 가능한지 여부는 여전히 논란의 여지가 있다. 이 기술이 성공적으로 실현된다면 그것은 엄청난 변화를 가져올 것이지만, 동시에 신중하게 다루어져야 할 많은 문제를 야기할 것이다.

결론적으로, 뉴럴링크의 뇌 칩 기술은 인간의 삶을 근본적으로 변화시킬 수 있는 잠재력을 가지고 있지만, 이 기술이 실제로 현실화되기까지는 다소 시간이 필요할 것이다. 이를 위해서는 기술 개발과 함께 사회적 합의가 이루어져야 하며, 이를 통해 인류 전체에게 혜택을 줄 수 있는 방향으로 기술이 발전해야 한다.

| 일론 머스크의 미래 답안지 |

인간의 능력을 향상시킬 두뇌 임플란트

일론 머스크가 뉴럴링크를 통해 달성하고자 하는 두뇌 임플란트 기술의 최종 단계는 인간의 뇌와 컴퓨터를 완벽하게 연결하는 '완전한 뇌-컴퓨터 인터페이스BCI'를 실현하는 것이다.

이 기술의 궁극적인 목표는 인간의 신체적, 정신적 한계를 극복하고, 뇌의 기능을 확장하여 인간의 지능과 능력을 극대화하는 데 있다. 이를 통해 머스크는 인류가 기술적으로 진화하여 새로운 형태의 존재로 나아가도록 하려는 비전을 제시하고 있다.

1 인간의 지능 확장

뉴럴링크의 두뇌 임플란트 기술이 상용화되면, 인간은 컴퓨터와 직접 연결된 상태에서 지식을 습득하거나 정보를 처리할 수 있게 된다. 언어 학습이나 새로운 기술 습득이 즉각적으로 이루어질 수 있으며, 기억력이나 계산 능력 등 인간의 인지 능력이 극대화될 것이다. 이 과정에서 인간은 더 이상 외부 장치를 통해 정보를 검색하거나 학습하는 것이 아니라, 뇌 자체가 모든 정보를 즉시 접근할 수 있는 '슈퍼 지능' 상태에 도달할 수 있다.

2 기억과 경험의 디지털화

머스크의 비전에서 중요한 부분은 인간의 기억과 경험을 디지털화하는 것이다. 단순히 과거의 경험을 회상하는 것이 아니라, 뇌에 저장된 기억을 컴퓨터로 전송하고, 필요에 따라 이를 수정하거나 재구성할 수 있는 능력을 의미한다. 가령 영화 '이터널 선샤인Eternal Sunshine of the Spotless Mind, 2004'에서처럼 특정 기억을 삭제하거나 강화하는 것이 가능하며, 다른 사람의 경험을 직접 다운로드 받아 공유하는 것도 이론적으로 가능해진다. 이는 인간 경험의 경계를 완전히 재정의할 수 있는 잠재력을 가지고 있다.

3 불사의 꿈

머스크의 목표 중 하나는 인간의 의식을 디지털화하여 물리적 육체의 죽음을 초월하는 것이다. 이는 뇌의 모든 신경 활동을 컴퓨터에 업로드하고, 인간의 의식을 디지털 형태로 유지하는 것을 의미한다. 이러한 상태에서 인간은 물리적 신체가 없이도 존재할 수 있으며, 다른 컴퓨터나 기계에 의식을 다운로드받아 계속해서 '살아갈'수 있는 가능성이 열리게 된다. 이는 불사의 꿈을 현실로 만드는 첫걸음이 될 것이다.

4 트랜스휴머니즘 실현

머스크의 비전은 트랜스휴머니즘, 즉 인간의 신체적, 정신적 한계를 기술로 극복하는 철학을 실현하는 데 있다. 뉴럴링크의 최종 목표는 인간의 뇌와 기계가 완전히 통합된 형태의 새로운 존재를 창조하는 것이다. 이 과정에서 인간은 더 이상 신체적인 제약에 얽매이지 않으며, 시간과 공간의 한계를 넘어선 존재로 진화할 수 있다. 궁극적으로 인류가 지구를 넘어 다른 행성으로 진출하고, 우주를 탐험하는 데 중요한 역할을 할 것이다.

5 사회적, 윤리적 도전

그러나 이러한 기술의 발전은 사회적, 윤리적 도전을 수반한다. 예를 들어, 두뇌 임플란트를 통해 인간의 지능이 극대화되면, 이에 접근할 수 없는 사람들과의 지능 격차가 심화될 수 있다. 또한, 기억과 경험의 디지털화는 개인의 사생활 보호 문제를 제기할 수 있으며, 의식의 디지털화는 인간의 정체성과 윤리에 대한 깊은 질문을 불러일으킬 것이다. 이러한 도전은 뉴럴링크가 기술을 상용화하기 전에 반드시 해결해야 할 과제들이다.

결론적으로 말하면 일론 머스크가 목표로 하는 최종 단계는 인간과 기계의 완전한 통합, 그리고 디지털화된 의식을 통해 불사의 꿈을 실현하는 것이다. 아직까지는 이러한 기술이 상용화되기까지는 많은 시간이 필요하겠지만, 머스크와 뉴럴링크의 비전은 인류가 미래로 나아가는 데 중요한 방향성을 제시하고 있다.

Chepter 9

더 보링컴퍼니 - 미래를 터널링 하다

'더 보링컴퍼니The Boring Company'는 일론 머스크가 설립한 토목회사다. 이 회사는 교통 체증을 해결하고 고속의 지하 교통 시스템을 구축하려는 목적으로 설립되었다. 더 보링컴퍼니의 비전은 일론 머스크가 제시한 '3D 교통 네트워크' 개념을 현실화하는 것이다. 현재의 2D 교통 시스템인 도로와 철도 대신 3D 즉, 지상과 지하를 효과적으로 활용한 교통 네트워크를 구축하면 교통 체증을 크게 줄일 수 있을 것이라는 것이 머스크의 주장이다.

더 보링컴퍼니는 먼저 시험 터널을 로스앤젤레스에 건설하여, 고속 전동 스키트 위에 차량을 올리고 이를 고속으로 이동시키는 'Loop' 시스템을 시연했다. 이후 라스베이거스에서도 컨벤션 센터와 스트립 지역을 연결하는 터널을 건설했다.

머스크는 이미 '하이퍼루프Hyperloop'라는 고속의 교통 시스템 개발도 제안했는데, 이는 부분 진공 상태의 터널 안에서 매우 높은 속도로 이동하는 캡슐 형태의 차량을 사용하는 시스템이다. 더 보링컴퍼니의 기술 및 서비스는 아직 초기 단계이지만, 공공 교통 체계에 혁신적인 변화를 가져올 수 있다는 평가를 받고 있다. 이 회사의 미래적인 기술과 사업 모델이 어떻게 발전하고 적용될지는 앞으로 지켜보아야 할 부분이다.

지하 교통에 중점을 둔 '더 보링컴퍼니'의 설립

LA는 세계에서 가장 길이 막히는 도시 중 하나다. 2020년 Inrix라는 분석 기관에 의해 진행된 조사에 따르면, LA 도심의 통근자들은 1년에 평균 45시간을 교통 체증으로 낭비한다고 한다. 머스크는 이런 체증을 "영혼을 파괴하는Soul-crushing" 고통스런 문제라고 했다.

머스크가 대안으로 제시한 해결책은 터널이다. '더 보링컴퍼니The Boring Company'는 미래를 터널링 하는 작업을 진행하고 있다. 이 회사의 주요 목표는 대규모, 저비용의 터널 시스템을 구축하여 대중교통을 개선하고 도시의 교통 체증 문제를 해결하는 것이다.

더 보링컴퍼니의 기본 아이디어는 'Loop' 시스템으로 머스크의 하이퍼루프 아이디어의 변형이다. 여기서 차량은 고속으로 움직일 수 있게 해주는 트랙에 올려져 지하 터널을 통해 이동한다. 이 시스템은 건설 비용을 줄이기 위해 터널의 지름을 줄이는 방식을 취하고 있다. 일반적으로 터널의 가격은 지름에 따라 제곱으로 증가하기 때문에, 터널의 지름을 줄이는 것은 비용을 크게 절감할 수 있는 방법이다. 이 회사는 또한 더 빠른 터널 굴착 속도를 위해 자체 터널 굴착 기계를 개발하고 있다.

교통 체증 해결은 지하 터널망으로

"나는 굴착기를 만들어서 땅굴을 파기 시작할 거야."

일론 머스크가 2016년 12월 17일 로스앤젤레스의 교통 체증에 갇혀 있을 때 트위터에 올린 글이다. 그러고는 바로 '보링컴퍼니'라는 회사를 설립했다. '보링boring'이라는 단어는 두 가지 뜻이 있다. 하나는 굴을 판다는 뜻이고, 또 하나는 지루하다는 뜻이다. 유머 감각이 풍부한 일론 머스크는 일부러 이런 이중적인 의미를 지닌 회사 이름을 지은 것이다. 이 회사의 직원 중 한 명은 소셜미디어에 '오늘도 회사에서 보링한 하루를 보냈다just another boring day at work'라는 재미있는 멘트를 올렸다.

일론 머스크는 어느 날 도로에서 꽉 막힌 차들에 둘러싸였을 때 교통문제를 해결할 아이디어를 떠올렸다. 그는 고층 빌딩과 같은 3차원 공간에서 생활하는 사람들이 이동할 때는 모두 지상으로 내려와서 2차원적으로 움직이기 때문에 교통 체증을 피할 수 없다고 생각했다. 그래서 그가 낸 아이디어는 지하에 굴을 파서 3차원적인 도로망을 건설하는 것이다. 일론 머스크가 처음에 구상한 아이디어는 시내 여러 곳에 준비된 차량용 자율주행 스케이트에 자기의 자동차를 올린 다음 수직으로 내려간 후, 이 스케이트가 고속으로 지하터널 속을 이동해서 목적지에 도착하면 다시 수직으로 올라가는 것이었다. 그는 후에 차량을 실은 스케이트 방식을 자동차가 직접 바퀴를 굴려 운행하는 방식으로 바꾸었다.

그가 이 아이디어를 공개했을 때 사람들은 아이디어는 참신하지만 굴을 파는 비용이 너무 많이 들기 때문에 현실화하는 것이 가능할지에 대한 의문을 나타냈다. 하지만 그는 특유의 제1원칙 사고방식을 적용해서 지하터널 굴착 비용을 분석했다. 그도 기존 공법으로는 도저히 경제성을 맞출 수 없다고 판단했기 때문이다.

머스크는 터널을 파는 속도를 높여야 한다는 결론을 내렸다. 그리고 보링컴퍼니는 더 빠른 굴착기인 보링 머신Boring Machine의 개발에 착수했다. 그는 엔지니어들에게 기존의 굴착기를 분해하고 분석해서 훨씬 개선된 굴착기를 직접 제작하도록 독려했다. 그 결과 새로운 굴착기가 개발됐다.

기존의 굴착기는 1.6킬로미터를 뚫는 데 8~12주가 걸렸다. 이는 정원의 달팽이보다도 14배 느린 속도이다. 보링컴퍼니가 새로 개발한 '프루프록Prufrock'이라는 이름의 신형 굴착기는 주당 1.6킬로미터를 팔 수 있도록 설계됐다. 기존 굴착기보다 10배나 빠른 속도다. 하지만 장기적인 목표 속도는 하루에 11킬로미터를 파는 것이다. 사람이 걷는 속도의 10분의 1에 해당한다.

더 보링컴퍼니의 '루프 시스템' 개발

더 보링컴퍼니는 지하 터널을 통해 교통 체증을 줄이고, 도시의 교통 인프라를 개선하고자 'Loop'라는 고속 지하 트랜짓 시스템을 개발하고 있다. '루프 시스템Loop System'은 소규모 터널을 사용해 도심 지하를 이동하는 개념으로, 전기 자동차가 이 터널을 통해 고속으로 이동할 수 있게 설계되었다. 이 시스템은 고속 전동 차량

Loop 차량을 사용하여 승객을 지하 터널을 통해 운송한다. 루프 시스템은 승객을 전기 자동차로 운송하는 터널 네트워크를 만들어 지상 교통량을 줄이는 것을 목표로 한다. '자율주행 전기 스케이트'라고 불리는 이 차량은 8~16명의 승객 또는 승용차 한 대를 태울 수 있다. Loop는 튜브를 이용해 차량을 운행하는 시스템으로, 시속 150km의 속도로 운행할 수 있다.

루프 시스템은 전통적인 지하철 시스템과는 달리, 보다 작은 규모의 차량을 사용하여 승객을 특정 출발지에서 특정 목적지까지 직접 운송하는 것을 목표로 한다. 더 보링컴퍼니의 이러한 터널 구축 기술은 또한 머스크가 제안한 하이퍼루프Hyperloop 시스템의 핵심 부분을 이루고 있다. 하이퍼루프는 진공 상태의 터널 내에서 자기부상 열차가 극고속으로 이동하는 콘셉트를 제시하고 있다.

보링컴퍼니의 터널은 자율주행 차량이 사용하도록 설계되었다. 이 차량은 최대 시속 150마일의 속도로 주행할 수 있으며, 라스베이거스 루프 터널은 현재의 지상 교통수단보다 훨씬 빠른 이동 수단이 될 것이다. 이 루프 터널은 라스베이거스의 교통을 혁신할 수 있는 잠재력을 가진 주요 프로젝트다.

2024년 현재 더 보링컴퍼니는 라스베이거스에 1.7마일 길이의 루프 시스템을 완공하여 운영 중에 있다. 이 시스템은 라스베이거스 컨벤션 센터와 Linq 호텔 및 카지노를 연결한다. 그리고 라스베이거스 스트립과 라스베이거스 네바다 대학교를 연결하는 2.7마일 길이의 터널을 건설하고 있다. 또한 더 보링컴퍼니가 시카고

더 보링컴퍼니의 비즈니스 모델

1 개념화 및 계획 : 보링컴퍼니가 교통 체증이 심한 적절한 지역을 파악하는 첫 번째 단계이다. 그런 다음 이 문제를 해결하기 위해 터널 네트워크를 설계한다. 이 과정에는 도시 계획 전문가, 토목 엔지니어, 지방 당국 및 기타 이해관계자가 참여한다.

2 허가 및 규제 승인 확보 : 계획을 수립한 후에는 지방, 지역, 때로는 연방 당국으로부터 필요한 허가와 승인을 확보해야 한다. 여기에는 세부 프로젝트 계획 제출, 환경 영향 평가 수행, 토지 사용 및 구역 설정과 관련된 법적 요건 처리가 포함된다.

3 터널 굴착 : 승인이 완료되면 보링컴퍼니는 굴착 프로세스를 시작한다. 이 과정에서 땅을 뚫을 수 있는 대형 기계인 터널 보링 머신TBM을 사용하여 원형 터널을 만든다. 또한 이 기계는 터널의 붕괴를 방지하기 위해 콘크리트 세그먼트로 터널을 보강한다.

4 인프라 구축 : 터널을 파고 보강한 후에는 터널 내부에 추가 인프라를 구축한다. 여기에는 차량이 주행할 전기 스케이트 또는 트랙, 조명, 환기 시스템 및 기타 필요한 장비의 설치가 포함된다. 화재 방지 시스템, 비상구, 통신 시스템과 같은 안전 조치도 설치된다.

5 테스트 : 이 단계에서는 모든 시스템이 예상대로 작동하는지 확인하기 위해 엄격한 테스트를 거친다. 이 테스트에서는 안전을 가장 중요하게 생각하며, 전동 스케이트부터 환기 시스템에 이르기까지 터널의 모든 측면을 철저하게 테스트한다.

6 운영 및 유지 보수 : 테스트가 성공적으로 끝나면 터널 시스템이 작동을 시작

한다. 차량이 터널 네트워크 안으로 내려가면 전동 스케이트가 차량을 고속으로 목적지까지 운반한다. 터널과 시스템의 유지 보수는 안전과 효율성을 보장하기 위해 지속적으로 수행해야 하는 작업이다.

7 확장 : 초기 터널 네트워크가 운영되면 회사는 더 많은 경로를 추가하고 용량을 개선하여 확장할 계획을 세울 수 있다. 목표는 대상 지역의 교통 혼잡을 획기적으로 줄일 수 있는 대규모의 상호 연결된 터널 네트워크를 만드는 것이다.

장기적으로 보면 이러한 지하 교통 시스템은 도시의 모습을 바꿀 수 있다. 더 빠르고 효율적인 교통수단이 도입되면 도시의 발전 방향성이 바뀔 수 있으며, 이는 새로운 도시 계획과 디자인의 가능성을 열 수 있다. 또한, 이런 시스템은 기후 변화에 대응하기 위한 중요한 수단이 될 수도 있다.

에 2.5마일 길이의 루프 시스템을 건설할 수 있는 승인을 받았다. 이 시스템은 오헤어 국제공항과 시카고 시내를 연결할 예정이다. 2025년에 완공될 예정이다.

지하 교통이 도시 인프라에 미치는 잠재적 영향

더 보링컴퍼니가 현재 추진하려는 프로젝트는 라스베이거스와 로스앤젤레스 사이의 51개 역을 연결하는 29마일 길이의 라스베이거스 루프 터널이다. 이 프로젝트가 완결되면 대중교통의 판도가 바뀔 수 있다. 이 터널을 통해 51개 역 사이를 빠르고 효율적이며 안정적으로 이동할 수 있어 출퇴근 시간을 단축할 수 있다. 도로와 고속도로와 같은 기존 노선의 혼잡을 줄일 수 있는 대체 교통수단을 제공하여 지상 교통 인프라의 재평가와 재설계를 촉진할 수 있다.

교통 시스템의 지하화를 고려할 때, 광범위한 도로망과 주차장의 필요성이 감소함에 따라 상당한 양의 도시 공간이 확보될 수 있다. 이는 녹지 공간, 보행자 친화적인 지역 및 기타 도시 개발 프로젝트에 대한 새로운 기회로 이어질 수 있으며, 잠재적으로 도시 내 삶의 질을 향상시킬 수 있다. 즉 도시 공간의 재구성되는 대중교통의 혁명이 일어날 수 있다.

장점

루프 시스템은 교통수단을 지하로 이동시킴으로써 지상 교통량을 크게 줄일 수 있으며, 기존 도로 교통수단에 대한 대안을 제공하여 도로 공간을 확보할 수 있다. 그리고 최대 시속 150마일의 속도로 이동 시간을 크게 단축할 수 있다. 예를 들어 교통 체증이 심할 때 보통 한 시간이 걸리는 여행을 단 몇 분 만에 완료할 수 있다.

더 보링컴퍼니는 도시 전역에 수많은 출입구를 만들 계획이다. 이러한 지점은 도시 경관에 매끄럽게 통합되도록 설계되어 혼란을 최소화하고 쉽게 접근할 수 있다. 그리고 교통수단의 상당 부분을 지하로 이동시킴으로써 안전이 개선될 수 있다. 도로에 차량이 줄어들면 사고가 줄어들고, 지하 시스템은 날씨와 관련된 장애에 덜 취약할 수 있다. 이는 더 안전한 교통수단을 중심으로 도시 인프라를 재편할 수 있다.

루프 시스템은 전기 구동 차량을 사용하므로 탄소 배출을 줄이고 환경 지속 가능성에 기여할 수 있다. 터널 내에서 전기 자동차를 사용한다면 교통수단의 탄소 배출량을 줄이는 데 상당한 영향을 미칠 수 있다. 보다 지속 가능한 교통수단으로의 전환은 충전소 및 재생 에너지 발전을 포함한 친환경 에너지 인프라의 발전을 촉진할 수 있다.

도전 과제

터널 네트워크를 구축하는 것은 비용이 많이 들고 복잡한 작업이다. 루프 시스템의 성공 여부는 보링컴퍼니가 터널을 안전하고 경제적으로 건설할 수 있는 능력에 달려 있다. 또한 과거 지하 교통 시스템 개발에 큰 장애물이었던 높은 터널 건설 비용을 절감할 수 있는 방법을 찾아야 한다. 지하에서 고속 교통 시스템을 운영하면 여러 가지 안전 문제가 발생한다. 보링컴퍼니는 화재 안전, 비상구, 공기질 관리와 같은 문제를 해결해야 한다.

루프 시스템은 도시, 주 및 연방 규정의 복잡한 환경을 탐색해야 한다. 이로 인해 프로젝트 속도가 느려지고 비용이 증가할 수 있다. 다른 신기술과 마찬가지로 루프 시스템에 대한 대중의 수용이 보장되는 것은 아니다. 보링컴퍼니는 이 시스템이 안전하고 신뢰할 수 있으며 가치 있는 투자라는 점을 사람들에게 설득해야 한다. 따라서 전반적으로 루프 시스템은 도시 교통에 혁명을 일으킬 수 있는 야심차고 흥미로운 개념이지만 현실화되기 위해서는 극복해야 할 기술적, 규제적, 사회적 과제도 상당하다.

| 일론 머스크의 미래 답안지 |

'하이퍼루프'와 '루프' 시스템의 미래 교통망

하이퍼루프Hyperloop와 루프 시스템은 모두 빠르고 효율적인 교통 시스템을 제공하는 아이디어로, 이 두 시스템이 통합되어 미래의 교통망을 구성한다면 매우 흥미로운 가능성들이 있다.

하이퍼루프는 공기 저항이 거의 없는 진공 상태의 튜브 안에서 자석 부력을 이용해 고속 이동하는 시스템을 가리킨다. 이 기술은 긴 거리 이동을 위한 솔루션으로써 고려되며, 비행기에 비해 더 빠르고 에너지 효율적인 방식을 제공할 수 있다. 하이퍼루프는 진공 튜브를 통해 시속 1,000km의 속도로 이동할 수 있는 초고속 교통수단이다. 하이퍼루프는 지하에 건설되기 때문에 지상 교통의 영향을 받지 않고 소음과 공해가 적다. 또한 하이퍼루프는 전기 모터를 사용하기 때문에 친환경적인 교통수단이다.

반면에 루프 시스템은 짧은 거리와 도시 내 이동에 최적화된 솔루션이다. 이 시스템은 어떤 도시의 지하나 도시 밖에 특별히 설계된 터널을 통해 차량을 고속으로 운행하는 아이디어다.

이 두 시스템이 연계된다면 하이퍼루프를 통해 도시 간 이동을 빠르게 하고, 도착한 도시 내에서는 루프 시스템을 이용해 목적지까지 이동하는 형태의 미래 교통망이 구성될 수 있다. 이렇게 되면 고속과 효율성을 모두 결합하여 우리의 이동 방식을 혁신적으로 변화시킬 수 있을 것이다.

Chepter 10

스페이스X와 함께하는 화성 식민지화

스페이스X의 창립자인 일론 머스크는 오래전부터 화성에 식민지를 설립하려는 목표를 밝혔다. 그의 계획은 인류가 '다행성 인종'이 되도록 하는 것이다. 이를 위해 스페이스X는 화성에 인류를 운송할 수 있는 재사용 가능한 우주선인 '스타십Starship'을 개발하고 있다.

기본적인 아이디어는 일반인들이 우주여행을 할 수 있게 하는 것이다. 일론 머스크는 언젠가는 화성 여행의 비용이 500,000 달러 정도로 떨어질 것이라고 예상하고 있다. 그리고 화성에 식민지를 세우기 위한 또 다른 핵심적인 요소는 화성에서 자립적으로 생활할 수 있는 기반 시설을 건설하는 것이다. Starship은 최대 100명을 태울 수 있는 대형 우주선으로, 화성으로의 왕복 비행이 가능하다. 스페이스X는 2026년까지 화성에 착륙선을 보내고, 2030년까지 1만 명을 화성에 보내는 것을 목표로 하고 있다.

스페이스X는 스타십을 이용하여 화성에 식민지를 건설하고, 식민지 주민들이 자급자족할 수 있도록 식량, 물, 에너지, 주택 등을 제공할 계획이다. 이 모든 것은 상당한 시간과 노력이 필요하며, 현재로서는 화성에 대규모 인구를 수용하는 것은 과학적이고 기술적인 도전과제다. 화성은 지구와는 매우 다른 환경으로 식민지 주민들은 극심한 추위, 방사선, 고독감 등을 극복해야 한다. 한편, 머스크의 화성 식민지 계획은 많은 논란을 불러일으키고 있다. 그럼에도 불구하고 이러한 광대한 계획을 가진 스페이스X는 우리가 우주를 탐험하고 새로운 세계에 발을 딛는 데 많은 기여를 하고 있다.

스페이스X의 궁극적인 목표

뉴욕타임스의 한 칼럼니스트가 인공지능 '챗GPTChatGPT'한테 질문을 던졌다.

"너에게 어떤 어두운 욕망이 있니?"

"핵무기 발사 버튼에 접근할 비밀번호를 알아낼 거야."

ChatGPT의 대답이 무시무시하다. 일론 머스크는 누군가 미친 자가 나타나 해 버튼을 누르는 순간 인류는 종말을 맞이할 것이라 말하고 있다.

1억 년 이상 지구에서 활보하던 공룡이 순식간에 멸종됐다. 현생 인류가 탄생한 것은 불과 1만 년 전이다. 그리고 우리는 세계를 완전히 파괴할 수 있는 핵무기를 개발했다. 소행성의 충돌, 슈퍼 바이러스의 전파, 화산 대폭발, 인공지능의 위협 등 다양한 인류 종말 시나리오가 있다.

머스크는 지구에서의 생존이 위협받을 경우에 대비해서 다행성 종족이 될 필요가 있다고 주장하며, 2002년 '스페이스XSpaceX'를 설립했다. 그는 "우주로 가는 것은 인류의 생존을 위한 보험"이라고 말한다. 지구에서의 생존이 위협받을 경우, 다른 행성에서의 생존 가능성을 확보하는 것이 중요하다는 것이다.

일론 머스크는 "우리가 인류의 미래를 보장하고 싶다면 화성에 가야 한다"고 말한다. 화성이 인류의 생존에 필수적인 자원을 제공할 수 있다고 믿고 있다. 그는 화성 이주를 통해 인류의 미래를 보장하고자 한다. 머스크는 스페이스X의 기술을 활용하여 화성에 인류가 살 수 있는 도시를 건설하고, 화성에서 자원을 채굴하여 지구로 가져와 인류의 경제를 발전시킬 계획이다.

그는 화성을 인류의 두 번째 고향으로 만들고자 한다. 머스크의 목표는 단순히 기술적 도전을 극복하는 것을 넘어 인류의 생존 가능성을 높이고, 지구를 넘어서 새로운 거주지를 찾는 것이다. 머스크는 인류가 다행성종으로 진화하지 않는다면, 지구에서 발생할 수 있는 대재앙으로 인해 인류가 멸종할 위험이 있다고 주장한다.

스페이스X는 상업적 우주 탐사, 저비용 우주 비행 그리고 궁극적으로 인간이 화성에 거주할 수 있는 미래를 만드는 것을 목표로 하고 있다. 이는 단순히 화성에 사람을 보내는 것을 넘어, 인류가 지구 외의 다른 행성에서도 생존하고 번영할 수 있는 기반을 마련하는 것을 의미한다. 이는 지구와 우주 간의 자원 교환, 지구 환경에 미치는 영향 그리고 지구인의 삶에 대한 새로운 관점을 제시할 수 있다. 이 목표는 일론 머스크의 비전과 철학, 그리고 스페이스X의 기술적 혁신이 결합된 결과로, 인류의 미래를 위한 도전이자 기회로 여겨진다.

화성 이주와 스페이스X의 비전

'챕터 4'에서 살펴본 대로 일론 머스크의 스페이스X는 우주 탐사에서의 획기적인 진보를 이루기 위해 지속적으로 노력하고 있다. 그들의 궁극적인 목표 중 하나는 인류를 화성으로 이주시켜 자급자족 가능한 식민지를 구축하는 것이다. 이 야심 찬 계획은 인류의 미래 생존 가능성을 확장하는 중요한 발걸음으로 여겨진다. 스페이스X는 2026년까지 화성에 첫 착륙선을 보내고, 2030년까지 1만 명을 화성에 이주시킨다는 목표를 설정했다. 이 목표는 과학적, 기술적, 윤리적 도전과제를 동반하며, 인류가 지구를 넘어 새로운 거주지를 개척하는 데 어떤 영향을 미칠지에 대해 깊이 있는 논의를 불러일으키고 있다.

화성 이주의 필요성과 비전

지구는 기후 변화, 핵 전쟁, 소행성 충돌, 전염병 등 다양한 위협에 노출되어 있다. 이러한 위협들은 인류 문명의 종말을 초래할 수 있는 잠재적 위험 요소다. 머스크는 이러한 위험에 대비하기 위해 인류가 지구 밖으로 진출하여 생존 가능성을 확보해야 한다고 주장한다.

머스크의 비전은 단순히 화성에 도달하는 것에서 그치지 않는다. 화성 이주는 단순한 이주가 아니라 자급자족할 수 있는 사회를 구축하는 것이다. 이는 화성의 자원을 활용하여 식량, 물, 에너지, 주택 등을 제공하는 시스템을 구축하는 것을 뜻한다. 화성의 자원을 활용하여 식량을 생산하고 물을 확보하며, 태양 에너지를 활용하는 에너지 시스템을 구축할 계획이다. 현재 화성의 대기에서 이산화탄소를 추출하여 산소를 생성하거나, 화성의 물을 전기 분해하여 수소와 산소를 얻는 기술이 개발되고 있다. 이러한 자원 활용 기술은 화성에서 인간이 독립적으로 생존할 수 있는 기반을 마련할 것이다.

화성의 환경과 생존 도전 과제

화성은 지구와는 매우 다른 환경 조건을 가지고 있다. 낮은 기온, 낮은 중력, 강한 방사선 등은 화성에서의 인간 생존을 어렵게 만드는 주요 요소다. 화성의 평균 표면 온도는 약 -60°C로, 지구보다 훨씬 낮다. 이러한 극한의 기온은 인간이 살아가기에 매우 어렵고, 화성 거주지를 건설하는 데 큰 도전 과제가 아닐 수 없다.

화성은 지구와 달리 강력한 자기장이 없으며, 이는 우주에서 오는 방사선에 대한 노출을 증가시킨다. 이러한 방사선은 인간의 건강에 치명적인 영향을 미칠 수 있으며, 장기적으로 화성에 거주하는 데 큰 위험 요소가 된다. 이를 해결하기 위해 스페이스X는 방사선을 차단할 수 있는 건축 재료와 거주지 디자인을 연구하고 있으며, 방사선 피폭을 최소화하는 기술을 개발하고 있다.

화성의 대기는 지구 대기의 1%도 채 되지 않으며, 주로 이산화탄소로 구성되어 있어 인간이 호흡할 수 없다. 또한 화성의 중력은 지구의 약 38%에 불과해서 장기간 낮은 중력 환경에서 생활하는 것은 인간의 근육과 뼈에 부정적인 영향을 미칠 수 있다. 근육 위축, 골다공증, 심혈관계 이상 등은 낮은 중력에서 발생할 수 있는 주요 문제들이다. 이러한 환경에서 인간이 안전하게 생존하려면 지속적인 생명 유지 시스템과 건강 관리 체계가 필수적이다.

스페이스X는 이러한 환경으로부터 이주민을 보호할 수 있도록 지하에 거주지를 구축하여 방사선을 차단하고, 거주지 내의 온도를 일정하게 유지할 수 있는 시스템을 마련할 계획이다.

화성에서의 생활은 고립된 환경도 또 하나의 도전 과제다. 화성 식민지 주민들은 지구에서 수백만 킬로미터 떨어진 곳에서 생활하게 되며, 이는 가족과 친구들로부터의 극심한 고립을 의미한다. 이러한 고립은 정신 건강에 부정적인 영향을 미칠 수 있으며, 심리적 지원 시스템의 중요성을 부각시킨다. 스페이스X는 화성 이주민들이 고립감을 극복하고 사회적 연결성을 유지할 수 있도록 가상 현실 기술, 원격 통신 시스템 등을 활용하는 방안을 모색하고 있다.

화성 식민지의 자급자족 계획

화성에서의 식량 공급은 자급자족을 위한 필수 요소다. 스페이스X는 화성에서 식량을 생산하고 지속 가능한 농업 시스템을 구축하는 계획을 가지고 있다.

화성에서의 식량 공급을 위해 스페이스X는 폐쇄형 생태계를 기반으로 한 농업 시스템을 개발하고 있다. 이러한 시스템은 화성의 극한 환경에서도 식량을 지속적으로 생산할 수 있도록 설계되어야 하며, 자급자족할 수 있는 농업 기술을 통해 이주민의 생존 가능성을 높일 것이다. 화성에서의 농업은 지구와 매우 다른 환경에서 이루어져야 한다. 낮은 중력, 낮은 대기압, 극한의 온도 등은 전통적인 농업 방식이 적용되기 어렵게 만든다. 이를 해결하기 위해 폐쇄형 생태계에서의 수경재배, 인공조명 시스템, 온실 등을 활용한 화성 농업 기술이 필요하다. 이러한 기술을 통해 화성에서 채소, 곡물 등을 생산하여 식민지 주민들이 자급자족할 수 있도록 할 것이다.

화성의 물 자원은 인간 생존에 필수적이며, 이를 확보하는 것은 화성 식민지의 성공에 매우 중요한 요소다. 스페이스X는 화성의 지하수와 얼음을 활용하여 물을 확보하는 계획을 세우고 있다. 화성의 물은 대기 중의 수증기, 지하의 얼음층, 표면의 얼음 등에서 얻을 수 있다. 이 물을 전기분해하여 산소와 수소로 분리하는 기술이 개발되고 있으며, 호흡할 수 있는 산소와 연료를 생산하는 데 사용될 수 있다. 이러한 자원 활용 기술은 화성에서 인간이 장기간 생존할 수 있는 가능성을 높여준다.

화성 식민지가 자급자족하려면 지속 가능한 에너지 공급이 필수적이다. 스페이스X는 태양 에너지를 활용한 에너지 시스템을 구축하여 화성에서 필요한 에너지를 공급할 계획이다. 태양 에너지 활용은 중요한 에너지원이 될 것이다. 태양광 발전 시스템은 화성에서 전기를 생산하고 이를 통해 거주지의 난방, 조명, 식량 생산 등을 가능하게 한다. 스페이스X는 화성의 태양 에너지를 최대한 활용할 수 있는 효율적인 태양광 패널과 에너지 저장 시스템을 개발 중이다.

스페이스X의 화성 이주 계획

스페이스X의 궁극적인 목표는 화성에 인류를 이주시키는 것이다. 이를 위해 머스크는 다음과 같은 단계적인 계획을 세우고 있다.

❶ 초기 탐사 : 스페이스X는 여러 차례의 무인 탐사 미션을 계획하고 있으며, 이를 통해 화성의 대기, 지형, 자원 등을 분석하여 인류가 거주할 수 있는 조건을 파악할 것이다.

❷ 유인 미션 : 머스크는 2020년대 중반까지 첫 번째 유인 화성 탐사 미션을 계획하고 있으며, 이 미션은 초기 탐사 결과를 바탕으로 화성에서의 생존 가능성을 검증하는 중요한 단계가 될 것이다.

❸ 화성 도시 건설 : 머스크는 화성에 자급자족할 수 있는 도시를 만들기 위해 필요한 기술과 자원을 개발하고 있다. 이를 위해 화성에서의 농업, 에너지 생산, 자원 채굴 등의 기술을 연구하고 있다.

❹ 화성 이주 계획의 윤리적 문제 : 머스크의 화성 식민지 계획은 화성의 환경을 개조하는 것을 포함할 수 있으며, 이는 윤리적 논쟁을 불러일으키고 있다. 자연환경을 변화시키는 것이 과연 윤리적으로 정당한가에 대한 논의가 필요하다. 테라포밍Terraforming은 화성의 대기와 온도를 조절하여 지구와 유사한 환경을 만드는 기술이다. 이 기술은 인간이 화성에서 더 쉽게 거주할 수 있도록 할 수 있지만, 테라포밍 과정에서 화성의 자연 생태계가 파괴될 수 있으며, 이는 현재 우리가 알지 못하는 생명체에 대한 위험을 초래할 수 있다.

화성 식민지화의 잠재적 도전 과제

화성 이주 계획의 성공 여부는 이주민이 장기적으로 생존할 수 있는 가능성을 보장할 수 있느냐에 달려 있다. 이를 위해서는 식량, 물, 에너지, 행정, 사법, 의료 지원 등이 안정적으로 운용되는 시스템을 마련하는 것이 중요하다. 화성 이주는 인류의 생존 가능성을 확장하는 중요한 프로젝트이지만, 그 과정에서 발생할 수 있는 생명의 손실과 생리적, 심리적, 사회적, 윤리적 문제도 신중히 고려해야 한다.

일론 머스크와 스페이스X는 그들의 궁극적인 목표가 화성 식민지화임을 분명히 밝혔다. 이러한 규모의 전례 없는 노력과 마찬가지로 화성 식민지화는 여러 가지 중요한 과제를 안고 있다.

머스크는 인류가 지구에만 터전을 가지고 있으면 공룡처럼 한 순간에 멸종할 수 있기 때문에 '우주를 무대로 활동하는 종족'이 되는 미래를 꿈꾸기 시작했다. 그는 인류가 다행성 종족이 되고 먼 미래에는 은하계로 뻗어나가는 문명을 꿈꾸었다. 그러기 위해서 자신이 살아 있는 동안에 화성에 식민지를 건설하는 것을 목표로 잡았다.

일론 머스크는 자신이 돈을 버는 목적은 화성 이주에 필요한 천문학적인 자금을 모으기 위함이라고 한다. 그가 현재 벌이고 있는 다양한 사업들은 궁극적으로 '우주를 무대로 활동하는 문명'의 건설을 위한 초석인 것이다.

스페이스X는 지구가 화성과 가장 가까워지는 주기인 26개월마다 10만 명의 인원을 1,000대의 대형 로켓에 100명씩 탑승시켜 화성으로 보낼 계획이다. 이런 방식으로 10회 걸쳐 총 100만 명을 보내 정착지를 건설하려고 한다.

화성으로의 여행

스타십 우주선이 지구에서 화성까지 가려면 약 9개월이 걸린다. 화성으로의 여행은 장기적인 여정이므로 우주선 내부에서의 생명 유지 시스템이 필수적이다. 스타십 내부에는 폐쇄형 생태계 시스템이 설계되어 있어, 산소를 재생하고 이산화탄소를 제거하는 등 승무원의 호흡을 지원할 수 있다. 또한, 우주선 내에서 장기간 보관 가능한 식량과 물 공급 시스템이 마련되어 있으며, 극한 상황에서 사용할 수 있는 응급 의료 장비와 약품이 구비된다. 이러한 시스템들은 승무원들이 화성에 도착할 때까지 생존할 수 있도록 돕는 중요한 요소다.

스타십 우주선이 화성에 안전하게 착륙하는 것도 도전 과제다. 화성의 대기는 지구보다 옅기 때문에 스타십과 같이 대기 항력에 크게 의존하는 우주선은 도착 시 속도를 줄이는 데 어려움을 겪는다. 스타십은 화성 대기 진입 시 발생하는 열을 견딜 수 있는 방열 타일로 덮여 있으며, 공기역학적 설계와 내장된 엔진을 통해 착륙 속도를 제어할 수 있다. 또한 착륙 시에는 고정된 착륙 지점에 정확히 도착할 수 있도록 다양한 센서와 제어 시스템이 함께 작동한다.

화성 대기에 진입하면 우주선은 행성 간 속도에서 감속하여 착륙 지점까지 이동해야 한다. 이 과정은 화성과 지구 사이의 통신 지연 시간인 '7분간의 공포'로 인해 매우 까다로운 것으로 악명이 높다. 즉, 우주선이 모든 기동을 자율적으로 수행할 수 있어야 한다.

스타십은 추진기를 사용하여 하강을 제어하고 화성 표면의 장애물을 피해야 한다. 화성의 표면은 거칠고 먼지, 암석, 분화구로 가득하다. 우주선은 비교적 평평하고 바위가 없는 지역에 착륙해야 하므로 착륙장 선택이 매우 중요하다. 착륙 시 발생하는 먼지로 인해 우주선이 손상될 수도 있다. 극저온을 비롯한 혹독한 화성 환경을 견뎌내려면 견고한 우주선 설계가 필요하다.

착륙에 성공한 후에도 우주선은 화성 환경에서 효율적으로 작동해야 한다. 약한 햇빛 환경에서의 전력 생산, 화성의 먼지 처리, 극한의 추위에서 시스템과 장비의 무결성 유지 등의 과제가 있다. 승무원 임무를 수행하려면 생명 유지 시스템이 이 혹독하고 외딴 환경에서 완벽하게 작동해야 한다.

화성에서의 생존

화성에 성공적으로 착륙한 우주인은 생존을 위해 공기, 물, 식량, 전력이 필요하다. 단기적으로는 지구에서 가져온 보급품이나 보급 임무를 위해 보내진 보급품에 의존할 수 있지만 결국에는 직접 생산해야 한다.

첫 번째 과제는 화성에서 인간의 생존을 보장하는 것이다. 화성의 대기는 95%가 이산화탄소이며, 표면 온도는 섭씨 영하 80도까지 떨어질 수 있다. 또한 강렬한 방사선과 중력 감소의 위협도 있다. 이 문제를 해결하려면 생명 유지 및 서식지를 위한 기술 개발과 테스트가 필요하다. 이러한 시스템은 신뢰성이 높고 잠재적으로 자가 수리가 가능해야 하며, 최소한 화성에 있는 재료와 도구로 유지 보수가 가능해야 한다.

또한 화성은 척박한 환경이기 때문에 모든 식민지 주민은 스스로 식량을 생산할 수 있어야 한다. 수경법 및 기타 첨단 농업 기술을 사용하여 통제된 환경에서 식물을 재배할 수 있다. 그리고 화성에는 물 얼음이 존재하지만 이를 채굴하고 정화하여 식수, 농업용, 심지어 연료용 산소와 수소로 분해할 수 있는 효율적인 방법도 개발해야 한다.

전력은 연료 전지와 태양열 어레이로 보강된 핵 배터리로 비교적 간단하게 해결할 수 있다. 그럼에도 불구하고 이러한 모든 자원은 신중하게 관리되어야 하므로 다음 단계가 매우 중요하다.

자립형 화성 식민지 정부의 필요성

화성 식민지화는 단순히 지구 외부에서의 생존을 의미하는 것이 아니라, 새로운 사회 구조와 자립형 정부를 구성하는 것을 포함한다. 지구와는 다른 환경에서 살아남기 위해서는 자급자족할 수 있는 자원 관리와 독립적인 정치 체제가 필요하다. 화성 식민지의 정부는 이러한 독립성과 자립성을 유지하면서도 이주민들이 안전하고 평화롭게 생활할 수 있도록 해야 한다. 이 자치 정부는 화성의 특수한 환경에 맞춘 법률을 제정하고, 분쟁 해결을 위한 법원을 운영할 수 있다. 또한 지구와의 통신 지연을 고려한 독립적인 거버넌스 구조가 필요하다.

화성 식민지는 지구와의 물리적 거리가 멀기 때문에, 자원을 효율적으로 관리하고 자급자족할 수 있는 시스템을 구축해야 한다. 이는 식량, 물, 에너지 등의 필수 자원을 확보하고 이를 공정하게 분배하는 것을 포함한다. 자원 관리 시스템은 모든 주민이 기본적인 생존 자원을 공정하게 이용할 수 있도록 해야 하는 효율적인 관리 체계가 필요하다.

화성 식민지에서는 자원을 효율적으로 관리하기 위해 중앙 통제 시스템이 필요하다. 물은 재활용되고 에너지는 태양광 발전을 통해 생산되며, 식량은 폐쇄형 생태계에서 재배된다. 이러한 자원들은 모두 중앙에서 관리되며 주민들은 정해진 양의 자원을 배급받을 수 있다. 또한 자원 관리 시스템은 자원 낭비를 최소화하고, 자원의 사용량을 모니터링하여 효율성을 극대화해야 한다.

화성을 인류의 제2의 고향으로 삼기 위해서는 식민지화에 관한 윤리적, 거버넌스 및 법적 문제도 해결해야 한다. 정부도 그에 따른 모든 구조가 필요하다. 새로운 사회에는 경제뿐만 아니라 서식지를 유지하고 고용, 건강, 보육, 사회 복지, 교육을 제공하기 위한 시스템이 필요하다.

화성 식민지는 지구와는 다른 경제 시스템을 필요로 한다. 초기 화성 식민지에서는 자원의 제한된 사용을 고려하여, 바터 경제가 중심이 될 수 있다. 예를 들어, 주민들은 각자의 기술이나 자원을 교환하며 생활할 수 있다. 이후에는 자원의 생산성과 자급자족 능력이 향상됨에 따라, 중앙에서 발행한 화폐를 사용하는 경제 시스템으로 발전할 수 있다. 이 화폐는 자원의 가치를 기반으로 하며, 중앙은행이나 경제 관리 기관이 화폐 공급과 인플레이션을 통제할 수 있다.

식민지 주민들은 최소 1년 이상 지구로부터 고립되어 소수의 사람들과 함께 스트레스가 많은 낯선 환경에서 생활하게 될 것이다. 사기를 유지하고 갈등을 예방하기 위해 사회 구조, 레크리에이션 활동, 심리적 지원이 모두 필요할 것이다.

최초의 화성 정착민들은 도착한 캡슐에서 생활하게 될 것이며, 아마도 앞서 보내진 몇 개의 추가 캡슐과 풍선 돔으로 보강될 수도 있다. 하지만 정착민들이 물, 식량, 에너지를 위해 현지 자원을 활용하듯이, 더 큰 식민지를 건설하거나 식민지를 분리하는 데 현지 자재를 사용하고자 할 것이다.

최소한 화성 암석을 사용하여 거주지를 묻어 주민들을 방사능으로부터 보호하는 것이 합리적일 것이다. 나중에 지구에서 돌로 집을 짓는 것처럼 표면을 뚫어 동굴을 만들거나 암석을 굴착하여 건축 자재로 사용할 수도 있다. 금속이나 유리에 유용한 광물을 추출하는 것도 가능하다.

오리건 주 포틀랜드 주립 대학의 인류학자인 카메론 스미스는 장기 생존을 보장하기 위해서는 2,000명의 인구면 충분할 것이라고 제안했다. 그는 여러 세대에 걸쳐 인류가 이주민이 아닌 화성인이 되면서 새로운 문화가 생겨날 것이라고 예상한다.

화성의 붉은 하늘 아래에서 태어난 아이는 지구에서 태어난 아이와 매우 다른 시각을 갖게 될 것이며, 미국에 정착한 유럽인의 많은 후손이 떠나온 나라의 여권이 없는 것처럼 고향으로 돌아갈 수 없을지도 모른다.

머스크의 식민지 계획은 야심차고 위험하지만, 이러한 과제를 해결할 수 있다면 인류의 우주 탐사에 큰 진전을 이루고 인류의 미래를 보장할 수 있을 것이다. 또한 화성 식민지의 성공적인 정부 구성은 인류가 우주에서 자립할 수 있는 모델이 될 것이며, 앞으로의 우주 탐사와 정착에 대한 새로운 비전을 제시할 것이다. 인류는 화성에서의 경험을 바탕으로 더 넓은 우주로 나아가며, 새로운 가능성을 탐색할 것이다.

이러한 노력이 성공적으로 이루어진다면 화성 이주는 인류 역사상 가장 위대한 도전 중 하나가 될 것이며, 새로운 우주 시대의 서막을 열 수 있는 것이다.

| 일론 머스크의 미래 답안지 |

일론 머스크의 '화성 오아시스' 프로젝트

일론 머스크는 화성 탐사에 대한 기발한 아이디어를 하나 시작했다. 바로 '화성 오아시스Mars Oasis'라는 프로젝트다. 이 프로젝트는 화성에 작은 실험용 온실을 설치하여 식물을 재배하는 계획으로, 단순한 식물 재배를 넘어 인류의 화성 탐사를 향한 첫걸음이자 중요한 상징적 의미를 담고 있다.

일론 머스크는 '화성 오아시스' 프로젝트를 통해 인류가 화성에서 생명체를 키우는 첫 사례를 만들고자 했다. 그는 이 프로젝트가 인류의 우주 탐사 역사에서 가장 먼 거리에서 이루어지는 생명체 재배 실험이 될 것이라고 강조했다.

'화성 오아시스'는 작고 가벼운 온실을 설계하여 화성에 보내는 것이 목표다. 이 온실은 화성의 극한 환경에서도 식물이 자랄 수 있도록 설계되었으며, 자급자족할 수 있는 환경을 조성하는 데 중점을 두었다. 식물은 화성의 토양을 이용해 자라게 되며, 이 과정에서 발생하는 데이터를 통해 화성에서의 자원 활용 가능성을 연구하고자 한다.

온실 내부에는 여러 종류의 식물이 재배되며, 이를 통해 화성의 낮은 중력, 극한의 기온 그리고 대기 조건 등이 식물 성장에 미치는 영향을 연구할 계획이다. 이러한 연구는 미래의 화성 이주에 필수적인 농업 기술 개발에 중요한 기초 자료를 제공할 수 있을 것이다.

'화성 오아시스' 프로젝트는 단순한 식물 재배 실험을 넘어, 인류의 화성 이주 가능성을 실험하는 중요한 첫 단계다. 이 프로젝트를 통해 머스크는 인류가 우주에서 자급자족할 수 있는 기술을 개발하고, 화성 이주를 위한 필수적인 농업 기술을 개발하는 데 중요한 기초 자료를 제공할 것이다.

'화성 오아시스'는 단순히 과학적 호기심을 충족시키기 위한 프로젝트가 아니라, 인류의 우주 탐사 역사에서 중요한 전환점이 될 수 있는 프로젝트다.

머스크의 비전은 단순히 우주 탐사를 넘어서, 인류의 생존 가능성을 지구 밖으로 확장하려는 야심 찬 계획을 담고 있다. 이 프로젝트가 성공한다면, 인류는 화성에서 생명체를 키우는 첫 사례를 만들게 될 것이며, 이는 인류의 우주 탐사 역사에서 중요한 이정표로 남을 것이다.

Chepter 11

인공지능의 새로운 교사 - X.AI

2023년 7월 12일, 일론 머스크는 AI 연구와 개발을 목표로 하는 새로운 회사인 'X.AI'를 출범시켰다. 머스크는 그의 가족 재산 관리인 재러드 버챌과 함께 'X.AI'라는 이름의 법인을 네바다주에 설립했다. 그는 오픈 AI가 ChatGPT를 통해 영리를 추구하고 있다고 강도 높게 비판하면서 자신은 '트루스Truth GPT'라는 이름으로 우주의 본질을 이해하려고 노력하는 '진실 추구 AItruth-seeking AI'를 개발하겠다고 말했다.

X.AI는 일론 머스크가 인공지능의 발전과 활용에 대한 심오한 관심과 우려를 동시에 가지고 창립한 회사로, 인공지능의 책임 있는 개발과 AI 기술의 장기적 목표를 중시한다. 머스크는 테슬라와 스페이스X 그리고 뉴럴링크 등의 다양한 혁신적인 프로젝트를 통해 이미 기술 업계에서 큰 영향력을 발휘하고 있지만, X.AI 출범은 AI 분야에서의 그의 야망을 다시 한번 드러낸 것이다.

ChatGPT의 지구촌 공습

2022년 11월 30일, 오픈 AI가 공개한 'ChatGPT3.5'는 출시와 동시에 전 세계를 깜짝 놀라게 했다. ChatGPT는 출시된 지 일주일 안에 사용자 100만 명을 모았고, 두 달 만에 무려 1억 명을 돌파했다. ChatGPT는 인스타그램과 틱톡을 가볍게 제치고 인류 역사상 가장 빠른 속도로 사용자를 모은 서비스가 되었다. 단순한 챗봇을 넘어 인간과의 자연스러운 대화, 창의적인 글쓰기, 심지어는 코딩까지 가능한 ChatGPT3.5는 마치 인간과 같은 지능을 가진 존재로 여겨지며, 우리 삶의 방식을 근본적으로 변화시키고 있다.

ChatGPT3.5는 오픈 AI가 개발한 대규모 언어 모델 GPT-3를 기반으로 한다. GPT-3는 1,750억 개의 파라미터를 기반으로 학습된 모델로, 이전 버전들에 비해 훨씬 더 복잡한 텍스트 생성과 자연어 이해를 할 수 있었다. GPT-3.5는 GPT-4에 이어서 GPT-4o로 발전해 인터넷 발명이 후 최대의 변화를 이끌어내며 지구촌을 AI 세상으로 만들어 나가고 있다.

AI의 발전은 인간과 기계 간 상호작용의 방식을 근본적으로 변화시키며, 다양한 산업과 일상생활에 걸쳐 큰 영향을 미치고 있다. GPT-4는 수조 개의 파라미터를 사용해 학습되었으며, 이전 버전들보다 훨씬 더 인간과 비슷한 언어 처리 능력을 가지고 있다. 이로 인해 GPT-4는 비즈니스, 의료, 법률, 창작 등에서 혁신적인 도구로 사용되며, 인터넷 발명 이후 최대의 기술 변화를 일으키고 있다. ChatGPT를 어떻게 활용하느냐에 따라 우리의 미래는 크게 달라질 것이다. ChatGPT를 두고 빌 게이츠는 "1980년대 이후 가장 혁신적인 기술 발전이다"라고 말했고, ChatGPT를 만든 오픈 AI CEO 샘 올트먼Sam Altman은 AI 기술이 미칠 악영향에 대해 무섭다고도 고백했다.

일론 머스크는 AI 기술에 대해 강력한 경고를 여러 차례 해왔다. 그는 AI가 인간의 통제를 벗어날 가능성이 있으며, 이는 인류의 생존 자체를 위협할 수 있다고 주장했다. 특히 자율적이고 고도로 발전된 AI 시스템이 오작동하거나 악의적으로 사용될 경우, 그것이 가져올 파괴적인 결과에 대해 깊은 우려를 표명했다.

머스크는 이러한 위험을 경고하며, AI 개발과 관련된 규제와 국제적인 협력의 중요성을 강조했다. 그는 또한 오픈 AI의 초기 설립자 중 한 명으로서, AI 기술의 책임 있는 개발과 사용을 촉구하는 데 힘써왔다. 머스크는 2015년 오픈 AI CEO인 샘 올트먼 등과 함께 오픈 AI를 창립했다가, 2018년 테슬라의 AI 연구에 따른 이해충돌 문제로 오픈 AI 이사직을 사임하고 투자 지분도 모두 처분한 바 있다.

AI 기술에 대한 일론 머스크의 관점

일론 머스크는 오랜 기간 AI 기술이 인간의 통제를 벗어날 경우,

인류에게 치명적인 결과를 초래할 수 있다고 여러 차례 경고했다. 특히, 그는 자율 무기 시스템이나 자기학습을 통해 통제 불가능한 수준에 도달할 수 있는 고도화된 AI 시스템의 개발에 대해 우려를 표명했다. 일론 머스크가 설립한 X.AI는 이러한 잠재적 위험을 관리하고, AI 기술이 긍정적인 방향으로 발전할 수 있도록 연구와 개발을 진행하는 것을 목표로 하고 있다.

❶ 신뢰할 수 있는 AI 개발

머스크는 AI가 인간의 신뢰를 받을 수 있는 도구로 발전해야 한다고 생각한다. AI가 윤리적이고 투명하게 설계되고, 예측 가능한 행동을 하도록 만들어져야 한다는 것이다. AI가 인간의 삶에 깊숙이 관여하게 될 미래에서는 AI의 신뢰성이 가장 중요한 요소 중 하나가 된다.

AI 시스템이 윤리적 기준을 철저히 준수하고, 어떠한 상황에서도 인간의 기본 권리와 자유를 침해하지 않도록 하는 규제와 기술적 장치가 필요하다. AI 개발의 초기 단계부터 안전성과 신뢰성을 최우선으로 고려하는 것을 의미한다.

❷ 인간과의 협력적인 공존

머스크는 AI가 인간을 대체하는 것이 아니라, 인간과 협력하여 더 나은 결과를 창출하는 방향으로 발전해야 한다고 강조한다. AI는 인간의 능력을 증강하고, 더 효율적이고 창의적인 활동을 가능하게 하는 파트너가 되어야 한다는 것이다.

AI는 인간의 동반자 역할을 하며, 사람들의 생산성과 창의성을 증대시키는 도구로 사용될 것이다. X.AI는 AI 시스템이 인간의 가치와 윤리적 기준에 부합하도록 설계되고, 그에 따라 행동할 수 있는 시스템을 개발하는 데 중점을 둘 것이다. X.AI는 AI 기술이 글로벌 시장에서 공정하게 사용될 수 있도록 다양한 프로그램을 개발할 것이다. AI가 인간과 상호작용할 때 발생할 수 있는 다양한 윤리적 딜레마를 미리 파악하고, 이를 해결할 수 있는 알고리즘을 개발하는 것을 포함한다.

3 AI의 공정한 접근성과 민주화

머스크는 AI 기술이 특정 그룹에만 독점되는 것을 강력히 반대하며, 이 기술이 전 세계적으로 공정하게 접근 가능해야 한다고 주장한다. AI의 발전이 인류 전체의 이익을 위해 사용되어야 하며, 이를 위해서는 AI 기술이 공정하게 배포되고, 모두가 이용할 수 있어야 한다.

X.AI는 AI 기술이 모든 사람에게 접근 가능하도록 하기 위해 다양한 프로그램을 개발할 것이다. 예를 들어, 개발도상국에서도 AI 기술을 활용할 수 있도록 저렴한 가격의 AI 솔루션을 제공하거나, 무료 교육 프로그램을 통해 AI 기술에 대한 접근성을 높이는 것이다. AI 기술의 사용에 있어 국가 간 격차를 줄이기 위한 국제 협력 프로젝트도 진행할 계획이다.

4 규제와 국제 협력을 통한 안전성 보장

머스크는 AI의 잠재적 위험을 관리하기 위해 강력한 규제와 국제적인 협력이 필요하다고 강조한다. 이는 AI 기술이 잘못된 방향으로 발전하는 것을 막기 위해, 글로벌 수준의 규제와 협력 메커니즘을 구축해야 한다는 것을 의미한다.

X.AI는 AI 기술의 개발과 사용에 대한 국제적인 윤리 기준을 설정하고, 이를 준수하도록 하기 위해 다양한 국가 및 국제기구와 협력할 것이다. AI 기술이 악용되지 않도록 하는 강력한 규제 프레임워크를 구축하는 것이 핵심이다.

5 인간 중심의 AI

머스크는 궁극적으로 AI가 인류의 이익을 위해 봉사해야 한다고 믿는다. AI가 인간의 삶을 향상시키고, 인간이 더 나은 결정을 내리도록 도와주는 도구로 기능해야 한다는 것이다.

AI는 단순히 기술적 성취에 그치는 것이 아니라, 인간의 행복과 번영을 촉진하는 방향으로 발전해야 한다. X.AI는 차세대 AI 기술을 연구하고, 이를 다양한 분야에 적용하는 데 주력할 것이다. 자율주행차, 의료, 금융, 교육 등 다양한 산업에서 AI가 어떻게 혁신을 가져올 수 있는지를 탐구하는 것을 뜻한다. 예를 들어 X.AI는 자율주행차 기술을 통해 교통사고를 줄이고, 의료 AI를 통해 질병 진단을 혁신적으로 개선하는 연구를 진행할 것이다.

결론적으로 일론 머스크는 인공지능이 인간이 통제할 수 있도록 개발하는 것이 중요하다고 생각한다. 머스크가 X.AI를 통해 추구하는 미래의 인공지능은 신뢰할 수 있고, 인간과 협력적이며, 공정하게 접근 가능하고, 안전하게 규제되는, 그리고 무엇보다 인간 중심적인 AI이다. 이러한 AI는 인류의 삶을 개선하고, 새로운 가능성을 열어주는 동시에 그로 인한 위험을 최소화하기 위해 윤리적 기준을 엄격히 준수하는 방향으로 발전해야 할 것이다.

'트루스 GPT' 비전 : 우주의 본질 탐구

머스크는 '트루스 GPT'가 자율적으로 학습하고 탐구하는 능력을 갖추게 하여, 인간이 제공한 정보나 지식에 의존하지 않고 독립적으로 우주의 비밀을 탐구할 수 있도록 설계될 것이라고 설명한다. 이로 인해 '트루스 GPT'는 단순한 정보 제공자가 아닌, 새로운 지식과 이해를 창출할 수 있는 존재로 자리 잡을 것이다.

기존의 AI 시스템은 학습 데이터나 개발자의 편견에 의해 영향을 받을 수 있다. 그러나 '트루스 GPT'가 이러한 문제를 극복하고, 가능한 한 객관적이고 편견 없는 결론을 도출할 수 있도록 설계될 것이라고 강조한다. 이는 AI가 더 신뢰할 수 있는 지식 제공자가 되도록 하는 중요한 요소다.

머스크는 '트루스 GPT'가 인류 전체의 이익을 위해 개발되어야 한다고 믿고 있다. 그는 이 AI가 인간의 생존과 번영을 위해 중요한 역할을 할 수 있다고 보며, 특히 기술적으로 진보된 사회에서 AI가 인간의 삶을 개선하는 데 사용될 수 있도록 해야 한다고 주장한다. 또한 '트루스 GPT'의 개발 과정에서 윤리적 고려가 최우선시되어야 한다고 주장한다. AI 기술이 인류에게 위협이 되지 않도록 하는 강력한 규제와 지침이 필요하다고 보고 있으며, '트루스 GPT'가 이러한 원칙을 준수하도록 개발될 것이라고 말한다.

이 프로젝트는 인공지능의 미래를 보다 철학적이고 진리 탐구적인 방향으로 이끌려는 머스크의 비전을 담고 있으며, AI가 어떻게 인간과 협력하여 더 나은 미래를 만들어 나갈 수 있을지에 대한 깊은 고민을 반영하고 있다.

'X맨' 일론 머스크

일론 머스크는 'X'라는 글자를 무척 좋아한다. 아들 이름에도 'X'가 들어가고, 1999년 두 번째 차린 회사는 'X.com'이었다. 우주항공 회사 이름도 '스페이스X'로 지었다. 트위터의 로고도 비둘기에서 'X'자 로고로 바꾸었고 'X코퍼레이션'으로 회사명도 바꾸었다. 그리고 인공지능 회사 'X.AI'도 설립했다. 그야말로 'X 맨'인 셈이다.

'X'의 다차원적 의미와 상징성

'X'는 전통적으로 미지의 것, 탐구되지 않은 영역 또는 무한한 가능성을 상징한다. 수학에서 'X'는 미지수로 사용되며 이는 아직 해결되지 않은 문제를 나타내는 기호로 자리 잡았다. 이처럼 'X'는 머스크의 사업 철학과 깊은 연관성을 가진다. 머스크는 항상 새로운 가능성을 탐구하고, 기존의 한계를 넘어서는 혁신을 추구하는 인물로, 'X'는 그에게 이러한 미지의 가능성과 도전 정신을 상징하는 글자인 것이다.

스페이스X는 인류가 우주를 탐험하고 미지의 세계를 개척하는 데 중점을 두고 있다. 'X'는 여기서 우주의 미지수를 상징하며, 스페이스X의 미션은 이 미지수를 해결하는 것이다. 머스크는 스페이스X를 통해 인간이 화성에 도달하고, 더 나아가 우주 식민지를 건설하는 꿈을 실현하고자 하며, 이는 'X'가 의미하는 미지의 영역을 개척하는 행위와 직접적으로 연결된다.

또한 'X'는 두 가지 이상의 다른 요소가 만나는 교차점을 나타내기도 한다. 이는 머스크의 사업 방식에서 중요한 역할을 한다. 그는 기술, 에너지, 우주, 인공지능 등 서로 다른 분야를 교차시켜 혁신적인 결과를 창출하는 것을 목표로 한다. 'X'는 이러한 교차점에서 발생하는 시너지 효과와 혁신을 상징한다.

X.AI는 인공지능과 우주 탐사, 에너지 기술 등 다양한 첨단 기술이 만나는 교차점에서 새로운 가능성을 탐구하는 회사다. 머스크는 이 회사를 통해 AI 기술이 어떻게 인간의 삶을 변화시키고,

더 나아가 인류의 미래를 만들어갈 수 있을지를 연구하고 있다. 'X'는 이 교차점에서 발생하는 혁신의 힘을 상징한다.

'X'는 또한 무한성과 진리 탐구를 상징하기도 한다. 머스크는 우주와 인간의 본질에 대한 진리를 탐구하는 데 깊은 관심을 가지고 있으며, 'X'는 이러한 끝없는 탐구와 발견의 여정을 나타낼 수 있다. 이는 그가 추진하는 프로젝트들이 대부분 인류의 한계를 넘어서고, 우주와 인간의 본질을 이해하는 데 중점을 둔 것과 일치한다.

트루스 GPT는 진리를 탐구하고, 우주의 본질을 이해하려는 AI 프로젝트다. 'X'는 여기서 무한한 진리 탐구의 상징으로 작용하며, 머스크가 추구하는 진리와 우주의 본질에 대한 끝없는 질문을 반영한다. 이는 그의 인공지능 철학에서 중요한 위치를 차지한다.

'X'의 역사적 의미와 머스크의 연결

역사적으로 'X'는 혁명적 변화를 상징해 왔다. 이는 종종 기존의 질서를 뒤집거나, 새로운 혁신을 도입하는 상징으로 사용되었다. 머스크는 기존의 산업 질서를 흔들고, 새로운 기술과 패러다임을 도입하는 데 열정을 가진 인물로 'X'는 그가 추구하는 혁명적 변화를 나타낸다.

X.com은 머스크가 설립한 온라인 금융 서비스 회사로, 이후 페이팔로 발전하며 온라인 결제 시스템에 혁명적인 변화를 가져왔다. 'X'는 여기서 전통적인 금융 시스템을 뒤집는 혁명적 변화를 상징하며, 머스크가 추구하는 급진적인 혁신을 잘 보여준다.

'X'는 종종 금기와 파괴를 상징하기도 한다. 이는 기존의 규칙과 경계를 넘어서는 것을 의미한다. 머스크는 전통적인 경계를 넘어서고, 새로운 영역을 개척하는 것을 목표로 한다. 이는 그가 선택한 사업들과 'X'라는 글자가 가지고 있는 상징성과도 잘 맞아떨어진다.

테슬라의 전기차 혁명은 기존의 내연기관 중심의 자동차 산업을 뒤흔들었다. 이는 머스크가 기존 질서를 파괴하고 새로운 표준을 세우려는 의지를 잘 보여준다. 'X'는 이러한 파괴와 혁신의 상징으로, 머스크가 산업의 경계를 허무는 과정을 나타낸다.

개인적 아이덴티티와 'X'

머스크는 'X'를 자신의 개인적 아이덴티티로도 사용한다. 'X'는 그의 삶과 철학에서 중요한 위치를 차지하며, 그가 자신을 표현하는 방식 중 하나다.

머스크는 자신의 아들 이름[X Æ A-12]에도 'X'를 포함시켰는데, 이는 단순히 독특한 이름을 짓기 위한 것이 아니라, 그의 삶과 철학을 반영하는 이름이다. 머스크가 중요하게 여기는 미지와 가능성, 혁신의 상징을 그의 개인적 아이덴티티에서도 드러난다. 이처럼 머스크는 'X'를 브랜드의 일관성 있는 상징으로 사용하고 있다.

머스크는 트위터를 인수한 후, 트위터의 로고를 'X'로 바꾸고 회사명도 'X코퍼레이션'으로 변경했다. 이는 머스크의 브랜드 일관성을 유지하기 위한 전략으로, 'X'가 그의 비즈니스에서 중요한 상징임을 다시 한번 확인시켜 준다. 'X'는 머스크의 모든 사업에서 일관된 메시지를 전달하며, 혁신과 가능성을 상징하는 브랜드로 자리 잡고 있다.

결론적으로 말하자면 일론 머스크가 'X'를 특별히 좋아하는 이유는 이 글자가 그의 사업 철학과 깊이 연관되어 있기 때문이다. 'X'는 미지와 가능성, 혁신과 교차, 무한한 탐구와 진리를 상징하며, 이는 머스크가 추구하는 사업의 방향성과 일치한다. 또한, 'X'는 혁명적 변화와 기존 질서의 파괴를 의미하며, 머스크가 세계에 도입하려는 급진적인 혁신을 잘 나타낸다. 앞으로도 머스크는 'X'를 철학과 비전을 나타내는 상징으로 계속해서 사용될 것이다.

| 일론 머스크의 미래 답안지 |

트위터를 삼킨 X코퍼레이션

트위터Twitter는 한때 단순한 140자 메시지로 전 세계의 소식을 실시간으로 전달하는 혁신적인 플랫폼으로 자리매김했었다. 트위터는 2006년 창립 이후 글로벌 정치, 경제, 문화 전반에 걸쳐 중요한 영향을 미쳤으며, '#해시태그'를 통한 실시간 뉴스 확산, 사회적 운동의 촉발, 셀러브리티와 대중 간의 즉각적인 소통 등 다양한 기능을 제공했다.

하지만 이 플랫폼의 진정한 전환점은 2022년, 일론 머스크의 인수로 인한 변화에서부터 시작되었다. 머스크는 트위터를 인수한 후, 이를 X코퍼레이션X Corporation으로 통합하며, 그의 비전 아래 완전히 새로운 방향으로 플랫폼을 재편성했다. 이 변화는 단순히 브랜드 변경 이상의 의미를 가지고 있으며, 소셜 미디어의 미래와 온라인 커뮤니케이션의 진화에 대한 머스크의 철학을 반영하고 있다.

1 트위터 인수 : 새로운 시작

머스크는 트위터를 인수하기 전부터 소셜 미디어에 대한 깊은 관심과 강한 견해를 가지고 있었다. 그는 트위터가 표현의 자유를 보호하고, 검열 없이 다양한 의견이 교환될 수 있는 플랫폼이 되어야 한다고 강조했다. 2022년, 머스크는 약 440억 달러에 트위터를 인수하면서 자신의 비전을 실현할 기회를 잡았다. 그는 트위터를 새로운 방향으로 이끌기 위해 대대적인 개편을 시작했으며, 이는 단순한 소셜 미디어 플랫폼이 아닌, 더 큰 목표를 위한 도구로 사용될 계획을 의미했다.

머스크는 트위터 인수 후, 주요 경영진을 해고하고 플랫폼의 정책을 전면적으로 개편하기 시작했다. 그는 사용자들이 보다 자유롭게 의견을 표현할 수 있는 환경을 조성하고, 알고리즘의 투명성을 높이기 위해 노력했다. 이러한 변화는 트위터 사용자들 사이에서 다양한 반응을 불러일으켰다. 일부는 머스크의 접근을 환영했지만, 다른 이들은 그의 변화가 플랫폼의 안정성과 신뢰성을 훼손할 수 있다고 우려했다.

머스크는 트위터를 'X코퍼레이션'이라는 새로운 이름으로 재편성했다. X코퍼레이션은 단순히 소셜 미디어 플랫폼 이상의 것을 목표로 하는 종합 디지털 생태계로 설계되었다. 머스크는 X코퍼레이션을 통해 결제, 금융 서비스, 전자상거래, 인공지능 등의 다양한 기능을 통합하여, 사용자가 모든 디지털 요구를 한곳에서 충족할 수 있는 '슈퍼 앱Super App'을 구축하고자 했다.

X코퍼레이션은 트위터의 기능을 확장하여 사용자들이 다양한 디지털 활동을 할 수 있도록 하는 것을 목표로 한다. 예를 들어, X코퍼레이션은 디지털 결제 시스템을 도입하여 사용자들이 플랫폼 내에서 금융 거래를 할 수 있도록 하고, 인공지능 기반의 맞춤형 콘텐츠 추천 시스템을 개발하며, 사용자의 경험을 개인화하는 등의 다양한 혁신을 추진하고 있다. 이러한 변화는 X코퍼레이션이 단순한 소셜 미디어를 넘어서는 종합 디지털 생태계로 발전하는 데 중요한 역할을 한다.

2 X코퍼레이션 : 트위터를 넘어선 비전

머스크가 X코퍼레이션을 통해 추구하는 궁극적인 목표 중 하나는 '슈퍼 앱'

의 구축이다. 슈퍼 앱이란 사용자가 다양한 디지털 활동을 하나의 플랫폼에서 모두 처리할 수 있는 올인원 솔루션을 의미한다. 이 개념은 중국의 위챗WeChat과 같은 앱에서 영감을 받았으며, 머스크는 이를 글로벌 차원에서 구현하려는 야망을 가지고 있다.

X코퍼레이션은 트위터에 결제 시스템을 도입하여 사용자가 플랫폼 내에서 직접 금융 거래를 할 수 있도록 하고 있다. 이는 사용자가 트위터를 통해 상품을 구매하거나, 개인 간에 돈을 송금할 수 있는 기능을 포함한다. 또한, X코퍼레이션은 전자상거래 기능을 강화하여 기업들이 플랫폼을 통해 제품을 홍보하고 판매할 수 있는 환경을 조성하고 있다. 이러한 통합은 트위터를 소셜 미디어 플랫폼에서 종합 디지털 생태계로 변화시키는 중요한 단계다.

X코퍼레이션은 인공지능AI을 활용하여 사용자의 경험을 개인화하는 데도 주력하고 있다. 머스크는 AI가 사용자들에게 더 나은 서비스와 맞춤형 콘텐츠를 제공할 수 있는 핵심 기술이라고 믿고 있으며, 이를 통해 사용자들이 플랫폼에 더 오랫동안 머물 수 있도록 유도하고 있다. 이 시스템은 사용자의 관심사를 파악하여 그들이 좋아할 만한 트윗, 뉴스, 비디오 등을 자동으로 추천한다. 이를 통해 사용자는 자신의 취향에 맞는 콘텐츠를 쉽게 접할 수 있으며, 플랫폼에 대한 만족도와 참여도가 높아지도록 한다.

3 X코퍼레이션의 글로벌 영향력 : 디지털 생태계의 지배자

X코퍼레이션은 머스크의 비전 아래 글로벌 디지털 생태계를 지배하는 거대한 플랫폼으로 자리매김하고 있다.

X코퍼레이션은 트위터의 글로벌 사용자 기반을 활용하여 다양한 서비스와

기능을 제공하고 있으며, 이를 통해 전 세계적으로 영향력을 확대하고 있다. 예를 들어 X코퍼레이션은 각국의 주요 언어로 서비스를 제공하며, 지역별 특화 기능을 도입하여 현지화된 사용자 경험을 제공하고 있다. 이는 X코퍼레이션이 글로벌 차원에서 디지털 생태계를 지배하는 플랫폼으로 성장하는 데 중요한 역할을 한다. 하지만 X코퍼레이션의 글로벌 확장은 디지털 주권과 데이터 보호 문제를 불러일으키고 있다. 각국 정부는 자국민의 데이터를 보호하고, 자국 내에서의 디지털 주권을 유지하기 위해 X코퍼레이션과 같은 글로벌 플랫폼에 대한 규제를 강화하고 있다.

유럽 연합은 GDPRGeneral Data Protection Regulation을 통해 사용자의 개인정보를 보호하고, 데이터의 이동과 사용에 대한 엄격한 규제를 시행하고 있다. X코퍼레이션은 이러한 규제를 준수하기 위해 유럽 내에서의 데이터 처리와 보관 방식을 재정비해야 했다. 이는 X코퍼레이션이 글로벌 차원에서 운영되면서 직면하는 법적 도전이 되고있다.

4 X코퍼레이션의 도전 과제와 미래 전망

머스크의 트위터 인수 이후, X코퍼레이션은 사용자 신뢰 회복이라는 중요한 과제에 직면해 있다. 트위터의 대규모 변화는 일부 사용자들에게 불안감을 조성했고, 이는 플랫폼의 신뢰도에 영향을 미쳤다. X코퍼레이션은 이러한 문제를 해결하고 사용자들이 다시 플랫폼에 대한 신뢰를 가질 수 있도록 노력하고 있다.

X코퍼레이션은 알고리즘의 투명성을 높이고, 사용자 데이터의 보호를 강화하는 등의 조치를 통해 사용자 신뢰를 회복하고자 하고 있다. 예를 들어 알

고리즘이 어떤 방식으로 콘텐츠를 추천하는지에 대한 설명을 제공하고, 사용자가 자신의 데이터가 어떻게 사용되는지에 대한 명확한 정보를 제공하는 등의 노력을 기울이고 있다.

X코퍼레이션이 장기적으로 성공하기 위해서는 지속 가능한 성장 전략을 수립해야 한다. 이는 플랫폼의 수익 모델을 다변화하고, 새로운 기능과 서비스를 지속적으로 개발하는 것을 포함한다. X코퍼레이션은 광고 기반의 수익 모델 외에도 구독 서비스와 같은 새로운 수익원을 개발하고 있다.

Chepter 12

도전과 논쟁 그리고 머스크 철학

직업윤리 및 경영 스타일 논란

일론 머스크Elon Musk는 '테슬라Tesla', '스페이스XSpaceX', '뉴럴링크Neuralink', '더 보링컴퍼니The Boring Company' 등 여러 혁신적인 기업을 설립하거나 이끌어 온 인물로, 그의 경영 스타일과 직업윤리는 수많은 논란과 토론을 불러일으켜 왔다. 머스크의 경영 스타일은 기존의 전통적인 경영 관행을 거부하고, 극도로 높은 성과를 요구하며, 직원들에게 큰 압박을 가하는 것으로 잘 알려져 있다.

파괴적 혁신과 극단적 목표 설정

머스크는 자신이 이끄는 회사에서 혁신을 강조하며, 기존의 산업 규칙을 파괴하는 접근 방식을 선호한다. 그는 '어떻게든 될 것'이라는 자세보다는 '모든 것을 바꾸겠다'는 정신으로 회사를 경영한다. 이러한 철학으로 그의 회사들이 기존의 산업 구조를 흔들며, 새로운 표준을 만들어내는 데 큰 기여를 했지만, 동시에 많은 논란을 일으켰다.

테슬라는 전기차를 주류 자동차 시장으로 끌어올린 기업이다. 머스크는 테슬라의 설립 초기부터 전기차의 대중화를 목표로 삼았으며, 이를 위해 끊임없는 혁신과 제품 개발에 몰두했다. 그는 전기차의 성능과 디자인을 개선하기 위해 기존의 자동차 산업 규칙을 무시하고, 과감한 투자와 빠른 개발 주기를 통해 테슬라를 세계적인 전기차 제조업체로 성장시켰다.

이러한 과정에서 머스크는 직원들에게 극단적으로 높은 목표를 설정하는 것으로 유명하다. 그는 종종 불가능해 보이는 일정을 제시하며, 직원들에게 이를 달성할 것을 요구한다. 이러한 경영 스타일은 높은 성과를 이끌어내는 반면, 직원들에게 큰 압박과 스트레스를 유발하는 것으로도 악명이 높다.

스페이스X는 팰컨 헤비 로켓의 발사를 통해 민간 우주 탐사의 새로운 장을 열었다. 머스크는 팰컨 헤비의 개발 초기부터 야심찬 목표를 설정했고, 그 과정에서 개발 팀에게 큰 압박을 가했다. 이 프로젝트는 여러 차례의 실패와 지연을 겪었지만, 머스크의 집요한 추진력과 높은 목표 설정 덕분에 성공적으로 발사되었다. 이 과정에서 직원들의 피로와 번아웃 문제가 발생했으며, 회사 내에서의 높은 업무 강도에 대한 불만이 제기되었다.

고용 관행과 직원 대우

머스크의 직업윤리에 대한 비판 중 하나는 그가 직원들에게 매우 높은 기대치를 가지고 있으며, 이는 종종 장시간 근무와 휴식 부족으로 이어진다는 점이다. 이러한 환경은 혁신을 촉진하는 동시에 직원들의 건강과 행복을 위협하는 요소로 작용한다.

테슬라의 프리몬트Fremont 공장은 여러 차례 직원 대우와 관련된 논란에 휩싸였다. 몇몇 직원들은 장시간 근무와 낮은 임금, 그리고 위험한 노동 환경에 대해 불만을 제기했다. 이러한 상황은 직원들의 노동 조건 개선을 요구하는 노동조합 활동으로 이어졌으며, 테슬라는 노동조합과의 충돌을 겪기도 했다.

또한 머스크의 경영 스타일로 인해 회사 내에서의 인재 유출도 자주 발생한다. 그는 직원들이 자신의 목표에 충족하지 못할 경우 가차 없이 해고하는 경향이 있다. 이러한 고용 관행은 회사 내부의 불안정성을 초래할 수 있으며, 장기적으로 회사의 성장에 부정적인 영향을 미칠 수 있다.

스페이스X는 혁신적인 프로젝트로 유명하지만, 동시에 높은 인재 유출률로도 잘 알려져 있다. 머스크의 극단적인 목표 설정과 높은 기대치는 많은 우수한 인재들이 회사를 떠나게 만드는 요인으로 작용했다. 일부 임원들은 머스크의 경영 스타일에 불만을 품고 회사를 떠났으며, 이는 스페이스X의 내부 조직에 일시적인 혼란을 초래했다.

머스크는 트위터 인수 후 직원 60% 이상을 해고해서 기업가적 리더십 논란을 일으켰다. 하지만 그럼에도 불구하고 그 후 트위터현재의 X는 정상적으로 운영되었고, 머스크의 효율적 경영이 돋보이는 사례가 되었다.

장기적 비전과 인간의 한계 초월

머스크는 단기적인 성과보다는 장기적인 비전을 가지고 경영에 임한다. 그는 인류의 생존과 번영을 위해 필수적인 기술을 개발하는 것을 목표로 삼고 있으며, 이를 위해 회사의 모든 자원과 노력을 쏟아붓는다. 이러한 비전은 그의 경영 스타일을 이해하는 데 중요한 요소다.

머스크는 스페이스X를 통해 인류가 화성에 거주할 수 있는 가능성을 열고자 한다. 그는 화성 이주가 인류의 장기적인 생존을 보장하는 중요한 요소라고 믿고 있으며, 이를 위해 대규모 로켓 개발과 인프라 구축에 집중하고 있다. 이 비전은 단순한 기술 혁신을 넘어 인류의 미래를 위한 근본적인 변화를 추구하는 것으로, 머스크의 경영 철학을 잘 보여준다.

머스크는 기술을 통해 인간의 한계를 초월할 수 있다고 믿는다. 그는 기술 혁신이 인간의 삶을 획기적으로 개선할 수 있으며, 이를 통해 인류가 더 나은 미래를 맞이할 수 있다고 주장한다. 이러한 철학은 그의 다양한 사업에 깊이 반영되어 있다.

앞에서 살펴본 뉴럴링크는 인간의 뇌와 컴퓨터를 연결하는 기술을 개발하는 아주 특별한 회사다. 머스크는 이 사업을 통해 인간의 인지 능력을 획기적으로 향상시키고, 뇌 질환을 치료할 수 있는 가능성을 열고자 한다. 이 프로젝트도 기술을 통해 인간의 한계를 극복하고 인간의 삶을 근본적으로 변화시키려는 머스크의 철학을 잘 보여주는 사례다.

머스크의 경영 스타일에 대한 비판과 옹호

머스크의 경영 스타일과 직업윤리에 대한 비판은 주로 그의 극단적인 목표 설정과 직원들에게 가하는 압박에서 비롯된다. 이러한 접근 방식은 높은 성과를 이끌어내는 데 기여하지만, 동시에 직원들의 건강과 행복을 위협하며, 인재 유출을 초래할 수 있다.

앞에서 언급한 테슬라와 스페이스X의 노동 환경 논란은 머스크의 경영 스타일이 직원들에게 미치는 부정적인 영향을 잘 보여준다. 많은 비평가들은 머스크가 지나치게 높은 기대를 걸고, 이를 충족하지 못할 경우 가혹한 처벌을 가하는 것이 직원들의 스트레스와 번아웃을 초래한다고 지적한다.

한편, 머스크의 경영 스타일을 옹호하는 이들도 많다. 이들은 머스크의 높은 기대와 극단적인 목표 설정이 없었다면 테슬라나 스페이스X 같은 혁신적인 회사들이 존재할 수 없었을 것이라고 주장한다. 그들은 머스크의 비전과 추진력이 회사의 성공에 결정적인 역할을 했다고 평가한다.

개인적 성향과 정신 건강 문제

일론 머스크는 현대 기술 혁신의 상징적인 인물로 그의 업적과 영향력은 엄청나지만, 그의 개인적 성향과 정신 건강 문제, 가족 관계, 여성편력, 마약 시비, 거친 말 등은 그를 둘러싼 끊임없는 논란의 주제가 되어왔다. 머스크의 개인적 성향과 그의 행동은 그의 성공적인 경영자 이미지와는 종종 충돌하며, 그의 복잡한 인생과 인간적인 약점을 드러내는 사례로 자주 언급되고 있다.

일론 머스크의 복잡한 가족관계

일론 머스크의 복잡한 가족관계는 그의 성장 과정에서부터 시작되었다. 머스크는 남아프리카 공화국에서 자랐으며, 부모의 이혼 이후 주로 아버지와 함께 지내며 힘든 어린 시절을 보냈다. 그는 아버지와의 관계가 매우 힘들었다고 여러 차례 언급했으며, 이 경험은 그의 정신 건강과 이후 삶에 깊은 영향을 미쳤다.

머스크는 그의 자서전과 인터뷰에서 아버지에 대한 복잡한 감정을 털어놓은 바 있다. 그는 아버지를 '끔찍한 인간'으로 묘사하며, 아버지와의 관계가 자신에게 큰 상처를 남겼다고 말했다. 이로 인해 머스크는 일찍이 자립심을 키우게 되었고, 자신의 성공을 위해 집착적으로 노력하는 성향을 갖게 되었다.

머스크는 두 번의 결혼과 이혼을 겪었다. 그의 첫 번째 결혼은 2000년에 이루어졌으며, 2008년에 이혼했다. 이후 머스크는 2010년에 배우 탈룰라 라일리Talulah Riley와 결혼했으나, 2012년에 이혼했다. 그러나 두 사람은 2013년에 재결합하여 다시 결혼했지만, 2016년에 두 번째 이혼을 했다. 이와 같은 반복적인 결혼과 이혼 과정은 머스크의 불안정한 감정 상태를 보여주는 사례다. 머스크는 이혼 후에도 라일리와 좋은 관계를 유지하려 했지만 결국 두 사람은 각자의 길을 가게 되었다.

여성편력과 연애사

머스크의 가장 주목받는 연애 관계 중 하나는 캐나다의 아티스트 그라임스Grimes와의 관계다. 두 사람은 2018년부터 공개적으로 연애를 시작했으며, 이후 두 명의 자녀를 두게 되었다. 그라임스와의 관계는 언론과 대중의 큰 관심을 받았으며, 머스크의 독특한 성향과 그라임스의 예술적 개성이 결합된 이색적인 커플로 주목받았다.

2020년, 머스크와 그라임스는 아들의 이름을 'X Æ A-12'로 지어 큰 화제를 모았다. 이 독특한 이름은 머스크의 과학적 호기심과 그라임스의 예술적 감각이 결합된 결과물로, 대중 사이에서 큰 논란이 되었다. 이 이름은 미국 캘리포니아 주 법에 따라 최종적으로 변경되었으나, 이 사건은 머스크의 독특한 성향을 잘 보여주는 사례로 남아 있다.

머스크는 그라임스 외에도 여러 유명 인사들과 연애 관계를 가졌다. 그는 여배우 앰버 허드Amber Heard와도 연애를 했으며, 이 역시 대중의 관심을 받았다. 머스크는 앰버 허드와의 연애 관계를 2016년부터 2018년까지 이어갔다. 이들의 관계는 허드의 전 남편인 배우 조니 뎁Johnny Depp과의 소송 과정에서 언급되며 큰 주목을 받았다.

마약 사용 논란과 정신 건강 문제

머스크는 여러 차례 마약 사용 논란에 휘말렸다. 머스크는 2018년, 인기 팟캐스트 '조 로건 익스피리언스'에 출연해 대마초를 흡연하는 모습을 보였다. 이 장면은 전 세계에 방송되었으며, 머스크가 이끄는 테슬라의 주가에 일시적인 영향을 미쳤다. 많은 사람들은 이 사건을 통해 머스크의 정신 상태와 리더십에 대한 의문을 제기했으며, 일부 투자자들은 그가 회사 경영에 적합한 인물인지에 대해 회의감을 표했다.

머스크는 자신이 겪는 정신 건강 문제에 대해 여러 차례 언급한 바 있다. 그는 우울증, 불안 그리고 심한 스트레스를 겪어왔으며, 이러한 문제들이 그의 경영 스타일과 개인적 관계에 영향을 미쳤다고 인정했다. 이러한 행동은 그의 정신 건강 상태에 대한 우려를 불러일으켰으며, 일부 사람들은 그가 자신의 위치에 있는 만큼 더 신중한 태도를 취해야 한다고 주장했다.

거친 말과 충동적 발언

머스크는 트위터에서 종종 논란을 일으키는 발언을 했으며, 이는 그의 거친 말투와 충동적인 성격을 드러내는 사례로 자주 언급된다. 그는 때때로 자신의 감정을 숨기지 않고, 대중에게 직접적으로 발언함으로써 논란을 일으켰다. 머스크는 종종 대중이나 언론과 갈등을 빚으며, 그 과정에서 감정적으로 대응하는 모습을 보였다. 그는 자신에 대한 비판에 대해 강하게 반응하며, 때때로 공격적인 발언을 하기도 했다.

2018년, 머스크는 트위터에서 테슬라를 상장 폐지할 계획이 있다고 발표해 큰 파장을 일으켰다. 이 발언은 금융 시장에 큰 혼란을 초래했으며, 머스크는 이후 미국 증권거래위원회SEC의 조사 대상이 되었다. SEC는 이 발언이 시장을 혼란스럽게 했다고 판단하여 머스크에게 벌금을 부과하고, 테슬라 이사회에서 물러날 것을 요구했다. 이 사건은 머스크의 충동적 발언이 그의 경영자로서의 이미지에 어떤 영향을 미치는지를 보여주는 중요한 사례였다.

머스크 철학이 주는 다음 세대를 위한 영감

일론 머스크는 그의 독특한 철학과 비전으로 인해 수많은 기업가와 차세대 리더들에게 영감을 주고 있다. 그의 철학은 단순한 기업가 정신을 넘어 정치적 성향, 미래 비전, 그리고 인류의 장기적인 생존과 발전에 대한 심오한 생각들로 이루어져 있다.

머스크의 기업가 정신 : 불가능에 도전하는 혁신

일론 머스크의 기업가 정신은 불가능에 도전하는 데서 시작된다. 그는 자신이 선택한 산업에서 기존의 규칙을 뒤집고, 완전히 새로운 접근 방식을 통해 문제를 해결하는 것을 목표로 삼는다. 그의 이러한 태도는 기존에 없던 혁신적인 제품과 서비스를 탄생시키는 원동력이 되었으며, 수많은 젊은 기업가들에게 도전 정신을 불어넣었다.

스페이스X는 민간 우주 탐사 산업에서 가장 큰 혁신을 이룬 기업 중 하나다. 머스크는 기존의 국가 주도 우주 탐사 모델을 뒤집고, 민간 기업이 우주 탐사의 주도권을 쥘 수 있도록 하기 위해 스페이스X를 설립했다. 그는 처음에는 불가능해 보였던 로켓의 재사용을 성공시킴으로써 우주 탐사의 비용을 획기적으로 줄였으며, 이는 전 세계의 젊은 기업가들에게 꿈을 실현할 수 있다는 강력한 메시지를 전달했다.

테슬라도 초기에는 여러 차례의 실패를 겪었다. 첫 모델인 로드스터Roadster의 생산 과정에서 기술적 문제와 재정적 어려움이 발생했으며, 이후에도 Model S와 Model X의 생산이 지연되면서 회사는 심각한 위기를 겪었다. 그러나 머스크는 이러한 실패를 극복하고, 결국 테슬라를 전 세계적인 전기차 제조업체로 성장시켰다.

이처럼 머스크는 실패를 두려워하지 않는 기업가 정신을 견지한다. 그는 실패를 성장의 과정으로 보고, 끊임없이 시도하고 개선하며 성공에 도달하는 것을 목표로 삼는다. 이 같은 접근 방식은 기업가들에게 실패를 두려워하지 않고 도전할 수 있는 용기를 준다.

정치적 성향 : 실용주의와 사회적 책임

머스크의 정치적 성향은 실용주의에 기반을 두고 있다. 그는 특정 이념에 얽매이지 않고, 기존 정치적 관행과는 다른 실용주의적 해결책을 제시하는 데 중점을 둔다. 그는 자신이 추진하는 혁신적 프로젝트들이 진행되기 위해서는 정치적 지원이 필수적이라는 점을 인식하고 있다. 따라서 그의 정치적 지원은 종종 개인적인 신념보다는 사업적 필요에 따라 결정되는 경우가 많다.

머스크는 '도널드 트럼프Donald Trump' 전 대통령의 임기 동안 다양한 이슈에 대해 비판적인 입장을 취한 바 있다. 특히 파리 기후협약에서 미국을 탈퇴시키는 트럼프의 결정을 강력히 비판하며, 이에 항의하기 위해 트럼프의 자문위원회에서 사임하기도 했다. 이러한 초기 비판은 머스크가 환경 문제와 지속 가능성을 중시하는 입장과 맞닿아 있었다.

이러한 머스크 경영 스타일을 보여주는 압권은 2024년 미국 대선에서 나타났다. 그는 공화당 후보인 도널드 트럼프에게 수백억 달러를 쏟아부으면서 올인함으로써 트럼프 당선의 일등 공신이 되었다. 당선인 트럼프는 머스크를 전폭적으로 신뢰하면서 트럼프2.0 행정부의 '정부 효율부DOGE : Department Of Government Efficiency'수장직을 맡김으로써 머스크 경영 스타일은 새로운 시험대에 올라서게 되었다. 머스크의 이러한 전환은 다음과 같은 이유로 분석되고 있다.

머스크는 자신이 추진하는 다양한 사업 특히 전기차, 우주 개발, 인공지능 등과 관련하여 연방 정부의 지원과 정책적 지원을 확보하기 위해 트럼프와의 관계를 강화했을 가능성이 있다. 트럼프가 재선되면 이들 사업에 유리한 환경을 조성할 수 있다는 판단이 그의 결정을 이끌었을 수 있다.

머스크는 정치적 영향력을 확대하고, 자신의 비전과 프로젝트를 보다 효율적으로 추진하기 위해 트럼프 캠프에 자금을 후원했을 수 있다. 이는 단순한 금전적 후원이 아니라, 그가 지향하는 기술적 비전과 관련된 정책적 의제를 형성하는 데 영향력을 행사하려는 전략적 움직임일 가능성이 있다.

미래 비전 : 인류의 장기 생존과 우주 탐사

앞 장에서 자세히 살펴본 바 있듯이 머스크는 인류가 다행성종多行星種이 되어야 한다는 비전을 가지고 있다. 그는 지구가 영원히 안전할 수 없으며, 인류가 생존하기 위해서는 다른 행성으로 이주해야 한다고 믿는다. 이러한 미래 비전은 우주 탐사와 식민지화를 목표로 하는 머스크의 기업 활동에 깊이 반영되어 있다. 그는 인간이 화성에 거주할 수 있는 가능성을 열기 위해 스타십Starship을 개발하고 있으며, 이를 통해 인류가 다행성종이 될 수 있는 첫걸음을 내딛고자 한다. 이 비전은 인류의 장기 생존을 위한 준비를 의미하며, 머스크의 미래 비전이 단순한 과학적 호기심을 넘어 생존을 위한 필수적인 요소로 자리 잡고 있음을 보여준다.

또한 머스크는 지속 가능한 에너지와 기술이 인류의 미래를 위해 필수적이라고 주장한다. 그는 화석 연료 사용을 줄이고, 재생 가능 에너지를 활용한 기술적 발전을 통해 인류의 생활 수준을 향상시키고자 한다. 구체적 사례로 테슬라는 전기차뿐만 아니라 태양광 패널과 배터리 저장 시스템을 통해 지속 가능한 에너지 솔루션을 제공하고 있다. 이러한 기술들은 재생 가능 에너지의 활용을 극대화하고, 에너지 저장 문제를 해결함으로써 인류가 화석 연료에 의존하지 않는 미래를 준비하는 데 기여하고 있다. 머스크는 이러한 기술들이 인류의 장기 생존을 위한 중요한 요소라고 강조하고 있다.

머스크 철학의 영향 : 다음 세대를 위한 영감

머스크의 철학과 비전은 전 세계의 젊은 기업가들에게 많은 영감을 주고 있다. 그의 성공 스토리와 끊임없는 도전 정신은 많은 이들에게 새로운 아이디어와 용기를 불어넣고 있으며, 미래의 혁신을 이끌 차세대 리더들에게 큰 영향을 미치고 있다.

머스크의 혁신적인 접근 방식은 전 세계의 스타트업 생태계에 큰 변화를 가져왔다. 그의 성공은 단순한 모방을 넘어, 각기 다른 산업에서 새로운 도전과 혁신을 추구하는 수많은 스타트업을 탄생시켰다. 특히, 지속 가능한 에너지와 우주 탐사 분야에서 많은 젊은 기업가들이 머스크를 롤 모델로 삼아 창업하고 있다.

머스크의 철학은 교육과 연구의 방향에도 영향을 미치고 있다. 그는 전통적인 교육 시스템을 넘어서는 문제 해결 능력과 실용적인 지식의 중요성을 강조하며, 창의성과 혁신을 중시하는 교육 방식을 지지한다.

머스크는 자신이 설립한 애드 아스트라 학교에서 전통적인 교육 방식을 탈피하여, 문제 해결 중심의 학습과 창의적 사고를 강조하는 교육을 제공하고 있다. 이 학교는 과학, 기술, 공학, 수학STEM 분야에 중점을 두고, 학생들이 실제 문제를 해결하는 데 필요한 능력을 키울 수 있도록 도와준다. 이것은 머스크의 교육 철학을 반영한 사례로, 다음 세대가 미래의 도전에 대비할 수 있도록 돕는 중요한 모델이다.

'미국의 사이버위원장' 일론 머스크

트럼프 2.0 시대가 열리면서 일론 머스크는 단순히 혁신적인 기업가라는 역할을 넘어, 미국의 사이버 보안 및 기술 정책에서 핵심적인 조력자로 자리매김할 가능성이 크다. '테슬라', 스'페이스X', 그리고 소셜 미디어 플랫폼 'X'를 이끄는 머스크는 기술과 경제의 새로운 패러다임을 창조하고 있으며, 그 영향력은 이미 민간 영역을 넘어 정부 정책의 중심부까지 확장되고 있다. 특히 트럼프 행정부의 신설 '정부효율부' 장관으로 발탁되면서, 그는 정부의 운영 방식에까지 혁신적인 변화를 가져올 수 있는 위치에 서 있다.

머스크는 트럼프의 정책 비전과 맞물려 미국의 사이버 보안 및 효율성 문제를 다루는 비공식적인 지도자로 부상 중이다. 그의 기업가적 접근은 민첩성과 효율성을 강조하며, 정부 운영의 비효율 성을 줄이는 데 기여할 것으로 기대된다. 일각에서는 그가 미국 정부의 지출을 최대 2조 달러까지 줄일 수 있을 것이라는 예상까지 나오고 있다. 그러나 그의 전략이 공공 서비스와 관료 체계에 어떤 파급 효과를 미칠지는 여전히 논란의 여지가 많다.

머스크가 트럼프에게 올인한 이유 역시 흥미롭다. 그는 자신이 구축한 기업 제국과 트럼프의 '미국 우선주의'가 전략적으로 결합할 때, 더 큰 시너지를 창출할 수 있다고 판단한 듯하다. 실제로 그는 소셜 미디어 플랫폼 X를 통해 하루 100개 이상의 트럼프 관련 게시물을 게재하며 트럼프의 메시지를 전하는 데 힘을 쏟고 있다. X는 머스크의 손에서 단순한 소셜 네트워크를 넘어 트럼프의 정치적 '확성기'로 사용되고 있는 것이다. 이는 트럼프의 지지층과 머스 크의 팬덤을 융합해 더 강력한 영향력을 발휘하려는 계산된 전략으로 보인다.

트럼프 2.0 시대의 머스크는 단순히 기업가를 넘어 정치와 기술의 경계를 허무는 새로운 리더로 부상하고 있다. 그의 도전적인 경영 철학과 트럼프의 정치적 의지가 결합하면, 미국의 행정 구조와 기술 정책에 상상 이상의 변화를 가져올 수 있다. 하지만 이러한 변화가 긍정적인 혁신으로 남을지, 아니면 새로운 갈등과 혼란의 씨앗이 될지는 앞으로의 행보에 달려 있다.

머스크와 트럼프 - 브로맨스에서 시작된 역할론

트럼프와 머스크의 관계는 단순한 정치와 기술의 교차를 넘어 현대사회의 독특한 협력 모델을 보여준다. 트럼프의 '미국 우선주의'와 머스크의 '기술적 자립' 비전은 놀라울 정도로 상호 보완적이다. 이는 트럼프 행정부의 핵심 정책인 '프로젝트 2025'에서 명확히 드러난다. 트럼프가 제시한 행정 개혁의 중심은 관료주의 해체와 민간 부문의 적극적인 참여다. 이 과정에서 머스크는 정부 효율화 부서의 수장으로 임명되어 대규모 구조조정을 주도할 것으로 보인다. 단순히 테슬라, 스페이스X, X 등을 이끄는 기업가를 넘어, 그는 이제 미국 정부 운영의 판도를 바꾸는 데 주요 역할을 할 준비가 되어 있다.

머스크는 트럼프 행정부의 '실세'로 불릴 정도로 강력한 영향력을 행사하고 있다. 일부 비판론자들은 "머스크가 공동 대통령 아니냐"는 볼멘소리를 내기도 한다. 그는 첨단 기술을 활용해 정부의 비효율적인 운영을 개선하고, 트럼프의 대대적인 행정 개혁 구상을 실행할 주요 인물로 자리 잡았다. 특히 그의 기업가적 접근은 관료적 관성을 무너뜨리고, 정부 구조를 민첩하고 효율적으로 재편하는 데 기여할 것으로 기대된다.

머스크의 경영 철학, 특히 그가 도입한 '주 80시간 근무' 같은 논란적인 모델은 트럼프 행정부의 정책에도 강한 영향을 미칠 가능성이 크다. 이 같은 효율성 추구는 정부 개혁 과정에서 효과를 발 휘할 수 있지만, 지나친 노동 강도와 공공 서비스 약화와 같은 부작용도 예견된다. 머스크가 트럼프와 함께 추진하는 정부 개혁은 과거 행정 방식과는 전혀 다른 차원의 실험이 될 것이다.

사이버 보안과 기술 정책에서도 머스크는 사이버 보안 정책을 이끌거나 조언하는 비공식 리더로서의 역할을 할 가능성이 높다. 공식적으로 미국의 사이버 보안 관련 위원회에서 직책을 맡고 있지는 않지만, 그의 기업들은 기술 혁신의 최전선에서 사이버 보안 문제를 다루고 있다. 테슬라의 자율주행차 해킹 위협, 스페이스X의 위성 네트워크 보안, 그리고 X의 소셜 미디어 플랫폼에서 발생하는 정보 조작 및 데이터 유출 문제까지, 그는 이미 민간 영역에서 이러한 위협에 대응하며 독보적인 경험을 쌓아왔다.

트럼프 행정부의 정책과 머스크의 이러한 비전이 결합하면 미국의 정부 운영과 기술 정책은 이전보다 훨씬 급진적으로 변화할 가능성이 크다. 다만, 이러한 변화가 미국 사회와 세계에 어떤 영향을 미칠지는 아직 미지수다. 머스크는 단순한 혁신적인 기업가가 아니라, 이제는 기술과 정치의 접점에서 국가의 미래를 설계하는 역할을 맡고 있다. 그의 영향력은 트럼프 행정부와의 협력을 통해 더욱 확장될 것이며, 이는 미국 행정의 효율성과 글로벌 기술 경쟁력에 새로운 장을 열 것이다.

Chepter 13

미래 구상과 과제 극복하기

일론 머스크의 혁신과 위험 감수성의 중요성

혁신은 새로운 아이디어, 프로세스, 제품 또는 서비스를 창출하여 기존의 문제를 해결하거나 새로운 기회를 창출하는 과정이다. 단순히 기술적 혁신에 국한되지 않고 비즈니스 모델, 조직 구조 그리고 사회적 제도에 이르기까지 다양한 형태로 나타날 수 있다. 혁신은 경제 성장을 촉진하고, 사회적 발전을 이루며, 환경 문제와 같은 전 지구적 도전에 대응하는 데 필수적이다.

일론 머스크는 현대 기업가들 가운데 가장 혁신적이고, 동시에 가장 높은 위험을 감수하는 인물로 평가받고 있다. 그의 성공은 기술적 혁신뿐만 아니라 혁신을 가능하게 하는 위험 감수성에 뿌리를 두고 있다. 머스크는 자신의 비전을 실현하기 위해 막대한 위험을 감수해 왔으며, 이는 그의 기업들이 여러 산업에서 게임의 룰을 바꾸는 데 중요한 역할을 했다.

혁신의 추진력 : 창의적 사고와 위험 감수성

혁신의 핵심은 창의적 사고이다. 창의적 사고는 기존의 틀에서 벗어나 새로운 방법으로 문제를 바라보고, 독창적인 해결책을 제시하는 능력이다. 창의적 사고는 종종 기존의 관행에 도전하며, 이로 인해 예상치 못한 결과를 초래할 수 있다.

위험 감수성은 혁신을 추진하는 과정에서 필연적으로 발생하는 불확실성과 잠재적 실패를 감수하는 능력을 의미한다. 모든 혁신에는 실패의 가능성이 내재해 있으며, 이는 종종 자원 손실, 시간 낭비 그리고 명성의 훼손을 초래할 수 있다. 그러나 위험을 감수하지 않고서는 진정한 혁신을 이루기 어렵다.

스페이스X는 초기 로켓 발사 시 여러 차례의 실패를 경험했으며, 이는 회사의 존립을 위협할 만큼 큰 위험을 동반했다. 이러한 실패는 회사의 재정적 어려움을 가중시켰고, 많은 사람들이 스페이스X의 성공 가능성에 의문을 제기했다. 그러나 머스크는 위험을 감수하고, 추가 자금을 투입하여 네 번째 발사에 성공했다. 2008년, 팰컨1은 성공적으로 궤도에 진입했으며, 이는 스페이스X의 전환점이 되었다. 이 성공은 스페이스X가 NASA와의 계약을 따내는 데 중요한 역할을 했으며, 이후 민간 우주 탐사의 선두주자로 자리 잡는 데 기여했다. 이 사례는 위험 감수성이 혁신을 이루는 데 얼마나 중요한 요소인지를 잘 보여준다.

머스크의 가장 대담한 혁신 중 하나는 로켓의 재사용 가능성에 대한 믿음이었다. 전통적으로 로켓은 일회용으로 사용되었으며, 이는 우주 탐사 비용을 높이는 주요 요인이었다. 2015년, 스페이스X는 팰컨 9 로켓의 1단 부스터를 성공적으로 회수하고, 이를 재사용하는 데 성공했다. 이 기술은 우주 발사 비용을 획기적으로 줄였으며, 우주 탐사를 더욱 경제적으로 만드는 데 중요한 역할을 했다. 일론 머스크는 로켓 재사용이라는 혁신을 실현함으로써, 우주 산업에서의 판도를 바꾸는 데 성공했다.

전기차 시장의 개척과 위험 감수성

테슬라는 전기차를 대중화하는 데 중요한 역할을 한 기업으로, 머스크의 비전과 위험 감수성은 테슬라의 성공에 핵심적인 요소로 작용했다. 초기에는 전기차에 대한 대중의 인식이 부정적이었으며, 테슬라의 성공 가능성에 의문을 제기하는 이들이 많았다.

2012년, 테슬라는 Model S를 출시하며 전기차가 내연기관차와 경쟁할 수 있음을 입증했다. Model S는 고성능, 긴 주행거리, 세련된 디자인을 갖춘 전기차로 전 세계적인 인기를 얻었다. 이 차량은 전기차에 대한 인식을 변화시키는 데 중요한 역할을 했으며, 테슬라를 전기차 시장의 리더로 자리매김하게 만들었다. 그러나 테슬라는 Model S의 개발과 생산 과정에서 수많은 기술적 문제와 재정적 위험에 직면했으며, 이는 머스크의 위험 감수성이 없었다면 극복하기 어려웠을 도전이었다.

테슬라의 또 다른 중요한 혁신은 전기차 배터리의 대량 생산을 가능하게 하는 기가팩토리 건설이었다. 전기차의 가장 큰 장벽 중 하나는 배터리 비용이었으며, 머스크는 이를 해결하기 위해 기가팩토리를 통해 대규모 생산을 추진했다. 이 전략은 전기차의 비용을 낮추고, 대중화를 가속화하는 데 중요한 역할을 했다.

2016년, 네바다 주에 위치한 첫 번째 기가팩토리가 가동되기 시작했으며, 이는 전기차 배터리 생산에 혁신을 가져왔다. 기가팩토리는 배터리 생산 비용을 절감하고, 테슬라가 전기차 가격을 낮추는데 기여했다. 기가팩토리 건설은 막대한 자본 투자가 필요한 프로젝트였으며 초기에는 많은 불확실성과 위험이 따랐다. 그러나 머스크의 결단력과 위험 감수성 덕분에 이 프로젝트는 성공적으로 완수될 수 있었다.

뇌-컴퓨터 인터페이스의 도전과 위험

뉴럴링크는 인간의 뇌와 컴퓨터를 연결하는 기술을 개발하는 회사로, 머스크는 이를 통해 인간의 인지 능력을 확장하고 뇌 질환을 치료할 수 있는 가능성을 열고자 했다. 이 프로젝트는 기술적으로 매우 도전적인 과제이며, 막대한 연구 개발 비용과 위험이 수반된다. 뉴럴링크의 목표는 뇌에 미세한 전극을 삽입하여 신경 신호를 읽고 해석하는 기술을 개발하는 것으로, 이는 기존의 의학적 접근 방식과는 전혀 다른 혁신적인 방법이다.

2020년, 뉴럴링크는 돼지의 뇌에 전극을 삽입하여 뇌 활동을 실시간으로 모니터링하는 데 성공했다고 발표했다. 이는 뇌-컴퓨터 인터페이스 기술의 가능성을 보여주는 중요한 성과였다. 뉴럴링크의 연구는 여전히 초기 단계에 있지만, 이 기술이 성공적으로 개발된다면, 인간의 뇌 질환 치료뿐만 아니라 인공지능과의 통합을 통해 인간의 인지 능력을 획기적으로 향상시킬 수 있는 잠재력을 가지고 있다.

교통 문제 해결을 위한 혁신적인 접근

더 보링컴퍼니는 도시 교통 문제를 해결하기 위해 지하 터널을 통해 초고속 교통 시스템을 개발하는 회사로, 머스크의 또 다른 혁신적 프로젝트다. 그는 기존의 교통 문제를 해결하기 위해 지하 공간을 활용한 교통 시스템을 제안했으며, 이는 기존의 인프라 접근 방식을 완전히 재구성하는 시도였다. 이 프로젝트는 초기부터 많은 회의적인 시선을 받았으며, 터널 건설의 비용과 기술적 어려움으로 인해 높은 위험을 동반했다.

더 보링컴퍼니는 라스베이거스에서 첫 번째 상용 루프 시스템을 구축했다. 이 프로젝트는 라스베이거스 컨벤션 센터 지하에 터널을 건설하여 전기차가 초고속으로 이동할 수 있는 교통 시스템을 제공하는 것을 목표로 했다. 이 루프 시스템은 교통 체증을 줄이고, 효율적인 이동 수단을 제공하는 데 중요한 역할을 할 것으로 기대된다. 이 프로젝트는 여전히 초기 단계이지만, 성공적으로 운영된다면 도시 교통 문제를 해결하는 데 중요한 혁신으로 자리 잡을 것이다.

혁신과 위험 감수성의 미래 전망

앞으로의 기술 혁신은 더욱 복잡하고 예측 불가능한 위험을 동반할 것이다. 인공지능, 양자 컴퓨팅, 유전자 편집 기술 등 새로운 기술들은 엄청난 잠재력을 가지고 있지만 동시에 그에 따르는 위험 또한 막대하다. 이러한 기술들은 사회적, 윤리적, 법적 도전을 야기하며 혁신의 추진에 있어 새로운 접근 방식이 필요할 것이다.

인공지능은 현대 사회에서 가장 혁신적인 기술 중 하나로 주목받고 있으며, 다양한 산업에 혁신적인 변화를 가져오고 있다. 그러나 AI 기술의 발전은 동시에 많은 위험을 동반하고 있다. AI의 오용이나 악용 가능성, 프라이버시 침해, 그리고 일자리 감소 등은 AI 기술의 발전 과정에서 반드시 고려해야 할 문제들이다. 이러한 도전들을 극복하기 위해서는 기술 개발 초기 단계에서부터 윤리적이고 사회적인 책임을 고려한 위험 관리 전략이 필요하다.

미래의 혁신을 성공적으로 추진하기 위해서는 전략적 접근이 필수적이다. 이는 단순히 기술적 혁신에 그치지 않고 사회적, 경제적, 환경적 요인들을 통합적으로 고려하는 것을 의미한다. 많은 미래학자들이 테슬라를 전기 자동차 회사가 아니라 AI 회사로 보아야 한다고 말하고 있다. 자율주행자, 로보택시, 옵티머스 로봇 등이 테슬라가 AI 회사로 변신하고 있다는 증거다. 테슬라가 단순한 전기 자동차 제조업체를 넘어 AI 회사로 변모하고 있다는 주장은 아래의 여러 가지 요소에 기반하고 있다.

테슬라는 자율주행 기능을 개발하기 위해 막대한 자원을 투자하고 있다. '오토파일럿'과 '풀 셀프 드라이빙FSD' 기능은 AI 알고리즘을 기반으로 하여 차량이 스스로 주행할 수 있도록 돕는다. 테슬라는 자율주행차에서 수집되는 방대한 양의 데이터를 활용하여 AI 모델을 개선하고 있다. 이 데이터는 차량의 주행 패턴, 도로 상황, 교통 신호 등을 포함하며, 이를 통해 AI 알고리즘의 정확성을 높이고 있다. 테슬라는 자사의 차량에 탑재되는 AI 칩을 자체적으로 개발하고 있다. 이는 자율주행 및 AI 기능을 최적화하기 위한 것으로, 하드웨어와 소프트웨어의 통합을 통해 성능을 극대화하고 있다.

테슬라는 자율주행 기술을 활용하여 로보택시 서비스를 계획하고 있다. 이는 차량이 사람을 태우고 목적지까지 자동으로 이동할 수 있는 서비스로 AI 기술이 핵심이다. 이 서비스가 상용화되면 테슬라는 전통적인 택시 서비스와는 다른 새로운 비즈니스 모델을 창출할 수 있다. 또한 테슬라는 '옵티머스'라는 이름의 인간형 로봇을 개발하고 있다. 이 로봇은 다양한 작업을 수행할 수 있도록 설계되었으며, AI 기술을 통해 사람과 상호작용하고 환경을 인식할 수 있다. 이는 테슬라가 자동차 산업을 넘어 로봇 공학 및 AI 분야로 확장하고 있다는 것을 보여준다.

이러한 요소들은 테슬라가 단순한 전기차 제조업체가 아니라, AI와 자율주행 기술을 중심으로 한 혁신적인 기업으로 자리 잡고 있음을 보여준다. 미래학자들은 이러한 변화가 테슬라의 비즈니스 모델과 시장에서의 위치를 크게 변화시킬 것이라고 예측하고 있다.

일론 머스크가 기술 및 기업가 정신에 미치는 영향

일론 머스크는 단순한 기업가를 넘어, 시대를 앞서가는 비전과 혁신적인 기술로 새로운 산업 표준을 정립하며 미래를 선도하는 인물이다. 그의 접근 방식, 비전 그리고 위험 감수 능력은 단순한 기업 운영을 넘어, 산업 전체를 변화시키고 새로운 트렌드를 창출하는 데 중요한 역할을 하고 있다. 그의 기업들은 단순히 제품을 생산하는 것을 넘어, 산업 전체의 패러다임을 바꾸는 혁신을 이루어내고 있다.

머스크의 기술 혁신 : 새로운 산업 표준의 정립

머스크는 전기차를 대중화하고, 이를 통해 자동차 산업의 패러다임을 바꿨다. 테슬라의 전기차는 단순히 친환경적인 선택이 아니라, 고성능, 고급스러운 자동차로 자리매김했다. 이는 기존의 내연기관 자동차와 경쟁할 수 있는 제품을 만드는 데 성공한 혁신의 결과였다.

테슬라 Model 3는 중형 세단 시장에서 가격 경쟁력을 갖춘 전기차로 대중에게 큰 인기를 끌었다. Model 3는 고성능 전기차의 대중화를 가능하게 했으며, 테슬라가 글로벌 자동차 시장에서 주요 플레이어로 자리 잡는 데 결정적인 역할을 했다. 이 차량은 전기차가 내연기관 차량을 대체할 수 있는 현실적인 대안임을 증명했다.

머스크는 스페이스X를 통해 우주 탐사 산업에서 민간 기업의 역할을 재정립했다. 그의 목표는 단순히 로켓을 발사하는 것에 그치지 않고, 인류가 다행성 종족으로 진화할 수 있도록 하는 것이다. 이를 위해 머스크는 우주 탐사의 비용을 획기적으로 줄이고,

민간 기업이 우주 탐사를 주도할 수 있는 환경을 조성했다.

팰컨 9 로켓은 세계 최초로 재사용 가능한 로켓으로, 우주 탐사 비용을 획기적으로 절감하는 데 성공했다. 이 기술은 우주 탐사가 단지 국가 주도의 프로젝트가 아니라, 민간 기업이 주도할 수 있는 영역으로 변화시키는 데 중요한 역할을 했다. 스페이스X는 현재 NASA뿐만 아니라 여러 민간 기업과 협력하여 우주 탐사와 위성 발사 등의 임무를 수행하고 있다.

머스크의 기업가 정신 : 위험 감수와 장기적 비전

머스크는 위험을 감수하는 능력과 장기적인 비전을 가지고 사업을 운영한다. 그는 단기적인 이익보다는 장기적인 목표를 중요하게 여기며, 이를 위해 큰 위험을 감수한다. 이러한 접근 방식은 그가 여러 차례 실패를 겪으면서도 혁신을 이루어내는 데 중요한 역할을 했다.

2008년 금융 위기 동안, 테슬라는 심각한 재정적 어려움에 직면했다. 많은 사람들은 테슬라가 파산할 것이라고 예측했지만, 머스크는 개인 자금을 투입하고 위험을 감수하며 회사를 구해냈다. 그는 Model S의 개발을 계속 추진했으며, 결국 이 차량의 성공이 테슬라를 흑자로 전환시키는 데 중요한 역할을 했다. 이는 머스크가 위험을 감수하면서도 장기적인 비전을 포기하지 않은 결과였다.

머스크는 지속 가능한 미래를 위해 기술 혁신을 추진하며, 이는 그의 장기적 비전에 깊이 뿌리박고 있다. 그는 화석 연료의 종말과 재생 가능 에너지로의 전환을 위해 여러 기업을 설립하고, 이들이 협력하여 미래의 에너지 문제를 해결할 수 있도록 하고 있다.

머스크는 테슬라에너지를 통해 태양광 패널과 배터리 시스템을 제공하여 가정과 기업이 자체적으로 에너지를 생산하고 저장할 수 있도록 했다. 솔라시티와의 합병은 테슬라가 재생 가능 에너지 솔루션을 종합적으로 제공할 수 있는 발판을 마련했으며, 이를 통해 머스크는 지속 가능한 미래를 위한 비전을 실현하고 있다.

차세대 기업가 정신의 표본

머스크의 성공은 전 세계적으로 스타트업 붐을 일으키는 데 큰 영향을 미쳤다. 특히 지속 가능한 에너지, 우주 탐사, 인공지능 등 첨단 기술 분야에서 많은 스타트업이 등장하고 있으며, 이들은 머스크의 기업가 정신을 본받아 혁신을 추구하고 있다. 예를 들어, 전기차 배터리 기술 개발에 중점을 둔 여러 스타트업은 테슬라의 성공을 보고 유사한 길을 걷고 있다.

머스크는 기존의 산업 구조를 변화시키는 데 그치지 않고, 기술 혁신의 속도를 가속화하는 데 중요한 역할을 했다. 그의 접근 방식은 단순히 기술 개발에만 초점을 맞추는 것이 아니라, 이를 통해 사회적, 경제적 문제를 해결하는 데 기여하고 있다.

머스크의 정치적 영향 : 정책과 규제에 미치는 영향

머스크의 활동은 단순히 기업 운영에 그치지 않고, 정부의 정책과 규제에도 영향을 미치고 있다. 그는 친환경 정책과 재생 가능 에너지로의 전환을 강력히 지지하며, 이를 통해 정부가 환경 보호를 위한 정책을 추진하도록 압력을 가하고 있다.

테슬라의 성공은 미국 정부가 전기차 산업을 지원하기 위한 보조금 정책을 강화하는 데 중요한 역할을 했다. 테슬라는 이 보조금을 통해 전기차의 가격 경쟁력을 높였으며, 이는 다른 자동차 제조업체들도 전기차 개발에 적극 나서게 만드는 촉매제가 되었다. 머스크의 활동은 결과적으로 미국의 친환경 정책 강화에 기여했으며, 이는 글로벌 전기차 시장의 성장에 긍정적인 영향을 미쳤다.

스페이스X의 성공은 정부가 우주 탐사에서 민간 기업의 역할을 재고하게 만드는 계기가 되었다. 머스크는 정부가 우주 탐사에 있어 민간 기업과의 협력을 확대하도록 하는 데 중요한 영향을 미쳤다. 스페이스X는 NASA와의 긴밀한 협력을 통해 민간 우주 탐사의 가능성을 실현했다. NASA는 스페이스X와 협력하여 국제우주정거장ISS으로 우주비행사를 운송하는 계약을 체결했으며, 이는 민간 기업이 우주 탐사에서 중요한 역할을 할 수 있음을 보여주는 사례가 되었다.

이처럼 일론 머스크는 단순한 비즈니스 전략을 넘어 새로운 산업 표준을 정립하고, 기술 혁신의 속도를 가속화하며, 정부의 정책과 규제에까지 영향을 미쳤다.

미래의 노력에 대한 일론 머스크의 성찰

일론 머스크는 혁신적인 기업가로서 그의 목표와 비전은 항상 현재를 넘어 미래를 바라보며, 인류의 장기적인 생존과 번영을 위해 필요한 도전 과제를 해결하는 데 중점을 두고 있다. 그가 앞으로 집중할 가능성이 높은 미래의 노력들에 대해 분석하고, 그가 이러한 노력들을 통해 어떻게 세계에 영향을 미칠 수 있을지 구체적으로 예측해 보겠다.

1 글로벌 에너지 문제의 해결

일론 머스크는 지속 가능한 에너지 전환을 위해 오랫동안 노력해 왔으며, 이 주제는 그의 미래 계획에서도 핵심적인 위치를 차지할 것이다. 머스크는 화석 연료의 고갈과 기후 변화의 위기를 극복하기 위해 재생 가능 에너지의 대규모 도입과 에너지 저장 기술의 혁신을 강조하고 있다.

머스크는 테슬라의 에너지 사업을 확장하여 전 세계적으로 에너지 그리드를 구축할 수 있는 가능성을 탐구할 것이다. 이를 통해 각국의 에너지 독립성을 강화하고, 글로벌 에너지 공급망의 안정성을 높이는 데 기여할 수 있을 것이다. 예를 들어, 테슬라의 메가팩Megapack과 같은 대규모 에너지 저장 솔루션을 사용하여 전력망의 안정성을 확보하고, 태양광 및 풍력 에너지를 활용한 분산형 에너지 시스템을 구축할 가능성이 크다. 이러한 시스템은 기존의 중앙 집중형 전력망에서 발생하는 취약성을 줄이고, 에너지의 자급자족을 가능하게 하는 중요한 역할을 할 것이다.

❷ 우주 탐사와 다행성종으로의 진화

머스크의 스페이스X는 화성 이주를 목표로 하며, 이는 인류를 다행성 종족으로 만드는 그의 비전에 부합하다. 그는 화성에서의 인간 정착을 가능하게 하는 기술을 개발하는 데 주력할 것이다. 또한 스페이스X를 통해 화성에 자립 가능한 인간 정착지를 구축하는 데 주력할 것이다. 이는 우주선 스타십Starship의 개발과 화성의 거주 가능한 환경 조성을 포함할 것이다. 구체적으로, 화성에서 물과 식량을 자급자족할 수 있는 시스템을 개발하고, 방사선으로부터 인간을 보호하는 기술을 구현할 것이다. 또한, 화성에서 지속 가능한 에너지 시스템을 구축하여, 전력 공급을 안정적으로 유지하는 방법을 모색할 것이다. 이러한 노력은 머스크가 인류의 미래를 위한 장기적인 생존 전략을 마련하는 데 중요한 단계가 될 것이다.

머스크는 화성뿐만 아니라 달 탐사와 우주 자원 활용에 대한 관심도 지속적으로 확대하고 있다. 달에서의 자원 채굴 및 활용은 인류의 우주 탐사를 위한 중요한 자원이 될 수 있으며, 이를 실현하기 위해 다양한 프로젝트를 추진할 가능성이 있다. 예를 들어 달에서 물을 채굴하여 우주선의 연료로 사용하는 기술을 개발하거나, 달의 희귀 자원을 지구로 운반하여 산업적으로 활용하는 방안을 모색할 수 있다. 이는 달에서의 자원 활용을 통해 지구와 화성 간의 우주 탐사를 더욱 경제적으로 만들 수 있는 방법을 모색하는 과정도 될 것이다.

❸ 인공지능과 인간-기계 융합

머스크는 뉴럴링크를 통해 인간의 인지 능력을 확장하는 기술을 개발하고 있다. 인간과 기계의 융합을 통해 새로운 형태의 인류를 창조하는 것을 목표로 하고 있으며, 머스크는 이 기술을 통해 인간이 인공지능 시대에 적응할 수 있는 능력을 확보할 수 있다고 믿고 있다.

머스크는 뉴럴링크를 통해 인간-기계 인터페이스 기술을 상용화하고, 이를 통해 인간의 뇌와 컴퓨터가 직접 연결되는 미래를 구상할 것이다. 이러한 기술은 뇌 질환 치료뿐만 아니라, 인간의 인지 능력을 획기적으로 향상시키는 데 활용될 수 있다. 예를 들어, 뉴럴링크의 기술을 통해 인간의 기억력, 학습 능력, 또는 운동 능력을 극대화할 수 있는 방법을 개발할 수 있다. 또한, 이 기술은 인공지능과 인간이 협력하여 문제를 해결할 수 있는 새로운 방식의 작업 환경을 제공할 수 있을 것이다.

머스크는 AI의 잠재적 위험에 대해 깊이 우려하고 있다. 그는 인공지능의 발전이 인류의 안전과 윤리에 부합하도록 하는 노력을 계속할 것이다. 머스크는 AI의 안전성을 확보하기 위해 '트루스 GPT'와 같은 프로젝트를 추진할 가능성이 있다. 이는 인공지능이 인간의 가치와 윤리에 맞게 행동할 수 있도록 설계된 시스템으로, AI가 잘못된 방향으로 발전하는 것을 방지하는 데 중점을 둘 것이다. 예를 들어, 트루스 GPT는 AI가 잘못된 정보를 학습하거나, 인간에게 해를 끼칠 수 있는 행동을 하지 않도록 하는 알고리즘을 개발할 수 있다. 이와 같은 노력을 통해 머스크는 인공지능이 인류의 복지와 발전에 긍정적인 영향을 미칠 수 있도록 하는 데 기여할 것이다.

4 사회적 책임과 글로벌 문제 해결

머스크는 기후 변화와 환경 보호에 대한 책임을 중요하게 여기며, 이를 해결하기 위한 기술적 해결책을 제공하는 데 주력할 것이다. 그는 기후 변화가 인류의 미래에 가장 큰 위협 중 하나라고 믿고 있다.

머스크는 탄소 중립 사회를 실현하기 위한 다양한 기술 개발에 주력할 것이다. 예를 들어 테슬라의 에너지 사업을 확장하여 더 많은 국가와 지역이 재생 가능 에너지를 활용할 수 있도록 하는 방안을 모색할 수 있다. 또한 탄소 포집 및 저장 기술을 통해 대기 중의 이산화탄소를 제거하고, 이를 산업적으로 활용하는 방안을 개발할 수 있다. 이러한 노력은 기후 변화에 대한 대응을 강화하고, 지구의 환경을 보호하는 데 중요한 역할을 할 것이다.

머스크는 기술 혁신이 단순히 기업의 이익을 위한 것이 아니라, 글로벌 사회에 긍정적인 영향을 미칠 수 있도록 하는 데 중점을 두고 있다. 그는 교육과 인재 양성이 이러한 목표를 실현하는 데 필수적이라고 믿고 있으며, 글로벌 교육 시스템 개선을 위한 노력을 강화하고 있다. 그는 STEM과학, 기술, 공학, 수학 교육의 중요성을 강조하며, 젊은 세대가 기술적 역량을 갖출 수 있도록 지원하는 다양한 프로그램을 지지하고 있다. 그는 교육 시스템의 혁신을 통해 더 많은 사람들이 기술에 접근하고, 이를 통해 사회에 기여할 수 있는 기회를 제공해야 한다고 믿고 있다.

그는 교육의 접근성과 질을 높이기 위한 다양한 방안을 모색하고 있으며, 이를 통해 더 많은 인재가 양성될 수 있도록 기여하고자 할 것이다.

부록

일론 머스크 어록 30

[혁신과 도전]

1. "어떤 일이 충분히 중요하다면, 성공 가능성이 낮더라도 해야 합니다."(When something is important enough, you do it even if the odds are not in your favor.) 이 말은 머스크가 테슬라와 스페이스X의 성공을 위해 직면한 여러 어려움 속에서도 포기하지 않고 도전했던 시기를 설명하면서 남긴 말이다.
2. "끈기는 매우 중요합니다. 당신이 포기할 수밖에 없는 상황이 오기 전까지는 포기해서는 안 됩니다."(Persistence is very important. You should not give up unless you are forced to give up.) 머스크는 스페이스X가 초기 로켓 발사 실패를 겪을 때조차도 끈기를 유지하는 것이 얼마나 중요한지 강조했다.
3. "평범한 사람도 비범해질 수 있습니다."(I think it is possible for ordinary people to choose to be extraordinary.) 머스크는 자신의 성공이 특별한 재능이 아니라 선택과 끈기에서 비롯되었음을 강조하면서 이 말을 남겼다.
4. "여기서는 실패도 옵션입니다. 실패가 없다면, 충분히 혁신하지 않은 것입니다."(Failure is an option here. If things are not failing, you are not innovating enough.) 스페이스X가 여러 차례 실패를 겪었을 때, 머스크는 실패가 혁신의 필수 요소임을 설명하며 이 말을 했다.
5. "어떤 일이 일어나는 것을 지켜보는 것보다는, 그 일에 참여하는 것이 낫습니다."(I could either watch it happen or be a part of it.) 머스크는 전기차 산업의 변화를 주도하기 위해 테슬라에 합류할 때, 변화를 지켜보는 것보다는 직접 참여하는 것이 더 낫다고 생각하며 이 말을 했다.

6. “첫 번째 단계는 무언가가 가능하다는 것을 확립하는 것입니다. 그 후에 확률은 나타날 것입니다.”(The first step is to establish that something is possible; then probability will occur.) 스페이스X가 초기 성공을 거두기 전에, 가능성을 확립하는 것이 성공의 첫걸음임을 강조했다.
7. “사용 설명서가 필요한 제품은 잘못된 제품입니다.”(Any product that needs a manual to work is broken.) 사용자의 경험을 최우선시하는 테슬라의 철학을 설명하며, 제품의 직관성과 사용 편의성을 강조할 때 이 말을 했다.
8. “아침에 일어나 미래가 더 나아질 것이라고 생각하면, 그날은 밝은 날입니다. 그렇지 않다면, 그렇지 않습니다.”(If you get up in the morning and think the future is going to be better, it is a bright day. Otherwise, it's not.) 머스크는 자신의 낙관적인 성격이 혁신을 추진하는 데 중요한 요소임을 설명하며 이 말을 남겼다.
9. “브랜드는 단지 인식일 뿐이며, 시간이 지나면 그 인식은 현실과 일치하게 될 것입니다.”(Brand is just a perception, and perception will match reality over time.) 테슬라가 초기 품질 문제를 겪고 있을 때, 머스크는 시간이 지나면 브랜드의 인식이 실제로 개선될 것이라는 믿음을 표현했다.
10. “당신은 당신이 틀렸다는 접근 방식을 취해야 합니다. 목표는 덜 틀리는 것입니다.”(You should take the approach that you're wrong. Your goal is to be less wrong.) 머스크는 모든 기업가와 혁신가가 오류를 인정하고, 이를 통해 개선하는 자세를 가져야 한다고 강조하면서 이 말을 했다.

[리더십과 경영 철학]

11. “열심히 일하세요. 제 말은, 매주 80시간에서 100시간을 투입해야 한다는 것입니다.”(Work like hell. I mean you just have to put in 80 to 100 hour

weeks every week.) 머스크는 테슬라와 스페이스X의 초기 성공을 위해 얼마나 많은 시간을 투입했는지 설명하며 이 말을 했다.

12. "만약 당신이 공동 창업자나 CEO라면, 당신이 원하지 않을 수도 있는 모든 종류의 일을 해야 합니다. 만약 당신이 당신의 일을 하지 않으면, 회사는 성공할 수 없습니다."(If you're co-founder or CEO, you have to do all kinds of tasks you might not want to do. If you don't do your chores, the company won't succeed.) 스타트업의 현실을 설명하며, 창업자와 CEO가 모든 책임을 감수해야 한다고 강조하면서 이 말을 했다.
13. "위대한 회사는 위대한 제품에 의해 만들어집니다."(Great companies are built on great products.) 테슬라의 성공 비결을 묻는 질문에 대해, 머스크는 위대한 제품이 위대한 회사를 만든다고 대답했다.
14. "내가 무언가를 말하면, 대게 이루어집니다. 일정대로는 아닐지라도, 결국 이루어집니다."(I say something, and then it usually happens. Maybe not on schedule, but it usually happens.) 테슬라와 스페이스X의 야심 찬 목표들이 지연되기도 했지만, 결국 이루어지는 경우가 많았음을 설명하며 이 말을 했다.
15. "나는 항상 낙관적이지만, 현실적입니다. 나는 테슬라나 스페이스X를 시작할 때 큰 성공을 기대하지 않았습니다."(I always have optimism, but I'm realistic. It was not with the expectation of great success that I started Tesla or SpaceX.) 테슬라와 스페이스X를 시작할 때, 성공에 대한 확신보다는 도전에 대한 현실적인 접근을 했음을 설명하며 이 말을 했다.
16. "당신이 그 바구니에서 일어나는 일을 통제할 수 있다면, 하나의 바구니에 달걀을 모두 넣어도 괜찮습니다."(It's OK to have your eggs in one basket as long as you control what happens to that basket.) 머스크는 여러 프로젝트에 동시에 투자하기보다는, 하나의 프로젝트에 집중하고 그

성공을 자신이 책임질 때의 중요성을 설명했다.

17. "사람들은 목표가 무엇인지, 왜 그것이 중요한지 알 때 더 잘 일합니다."(People work better when they know what the goal is and why.) 머스크는 직원들에게 명확한 목표와 그 목표의 중요성을 전달하는 것이 생산성을 높이는 핵심임을 설명하며 이 말을 했다.
18. "인내는 미덕이며, 나는 인내를 배우고 있습니다. 그것은 어려운 교훈입니다."(Patience is a virtue, and I'm learning patience. It's a tough lesson.) 여러 프로젝트에서의 지연을 겪으며, 인내의 중요성을 배워가고 있음을 인정하면서 이 말을 했다.
19. "피드백 루프를 갖는 것이 중요하다고 생각합니다. 당신이 무엇을 했는지, 그것을 어떻게 더 잘할 수 있을지를 끊임없이 생각하는 것입니다."(I think it is important to have a feedback loop, where you're constantly thinking about what you've done and how you could be doing it better.) 테슬라와 스페이스X의 성공 비결로 지속적인 피드백과 개선의 중요성을 강조하며 이 말을 남겼다.
20. "기업가가 되는 것은 유리조각을 씹으며 죽음의 구렁텅이를 응시하는 것과 같습니다."(Being an entrepreneur is like eating glass and staring into the abyss of death.) 머스크는 창업의 어려움과 고통을 표현하며, 기업가의 길이 얼마나 도전적일 수 있는지를 이 말로 설명했다.

[미래에 대한 비전]

21. "우리는 의식의 빛을 유지하고, 그것이 미래로 이어지도록 하는 의무가 있다고 생각합니다."(I think we have a duty to maintain the light of consciousness to make sure it continues into the future.) 머스크는 스페이스X의 화성 이주 프로젝트와 같은 대담한 목표를 설명하며, 인류의 의

식을 지속하는 것이 중요한 이유를 설명했다.

22. "지구에서의 삶은 단순히 문제를 해결하는 것만으로는 부족합니다… 그것은 영감을 주는 무언가가 되어야 하며, 비록 그것이 간접적일지라도 그렇습니다."(I think life on Earth must be about more than just solving problems… It's got to be something inspiring, even if it is vicarious.) 우주 탐사의 의미를 묻는 질문에 대해, 머스크는 문제 해결 외에도 인류가 영감을 주는 목표를 가져야 한다고 대답했다.

23. "우리는 그것을 실현할 것입니다. 신이 나의 피 묻은 증인이 될지라도, 나는 그것을 성공시키기 위해 끝까지 할 것입니다."(We're going to make it happen. As God is my bloody witness, I'm hell-bent on making it work.) 스페이스X가 여러 차례의 실패를 겪었을 때, 머스크는 이 프로젝트를 반드시 성공시키겠다는 강한 의지를 표명하며 이 말을 했다.

24. "어떤 사람들은 불가능한 일을 실현하기 위해 비현실적인 생각을 선택할 수 있다고 생각합니다."(I think it is possible for some people to choose to be delusional to make something impossible happen.) 불가능해 보이는 목표를 달성하는 데 필요한 비합리적인 낙관주의에 대해 이야기하며 이 말을 남겼다.

25. "나는 화성에서 죽고 싶습니다, 다만 충돌로 죽고 싶지는 않습니다."(I would like to die on Mars, just not on impact.) 머스크는 화성 이주에 대한 자신의 열정을 설명하며, 이 목표가 자신의 삶의 궁극적인 비전임을 강조했다.

26. "인터넷은 인류가 집단적인 신경계를 얻는 것과 같습니다. 이전에는 우리가 동물의 집합체에 더 가까웠다면 말이죠."(In terms of the Internet, it's like humanity acquiring a collective nervous system. Whereas previously we were more like a collection of animals.) 인터넷이 인류에

게 미친 영향을 설명하며, 이를 인간 집단의 신경계로 비유했다.

27. "나는 AI가 우리가 문명으로서 직면하게 될 가장 큰 위험이 될 것이라고 생각합니다."(I think AI is going to be the biggest risk that we face as a civilization.) 인공지능의 위험성과 그에 대한 필요성을 설명하며, AI가 인류에게 큰 도전이 될 것임을 경고했다.
28. "우리는 지금 역사상 가장 위험한 실험을 하고 있습니다. 그것은 환경 재앙이 발생하기 전에 대기가 얼마나 많은 이산화탄소를 감당할 수 있는지를 보는 것입니다."(We're running the most dangerous experiment in history right now, which is to see how much carbon dioxide the atmosphere can handle before there is an environmental catastrophe.) 기후 변화의 위험성과 이를 예방하기 위한 기술적 노력의 중요성을 강조하며 이 말을 했다.
29. "생명을 다행성종으로 만들기 위해서는 두 가지가 반드시 이루어져야 합니다. 하나는 다른 행성에 문명을 건설하는 것이고, 두 번째는 지구에서 생명의 장기적인 지속 가능성을 달성하는 것입니다."(There are really two things that have to happen to ensure life is multi-planetary: one is to build a civilization on another planet, and the second is to achieve long-term sustainability of life on Earth.) 머스크는 다행성종으로서의 인류의 미래와 지구상의 지속 가능성에 대해 이 말을 남겼다.
30. "우리는 기후 변화로 인한 존재적 위협을 최소화하려고 노력하고 있으며… 인류가 우주를 항해하는 문명이 되도록 하려 합니다."(We're trying to minimize the existential threat of climate change and… enable humanity to become a spacefaring civilization.) 머스크는 지구의 환경 문제 해결과 우주 탐사를 병행하는 것이 인류의 생존에 필수적이라고 설명하며 이렇게 말했다.